Erich Keller

Das kontaminierte Museum

AF558837

Erich Keller

DAS KONTAMINIERTE MUSEUM

Das Kunsthaus Zürich und die Sammlung Bührle

Rotpunktverlag

Der Autor bedankt sich für die großzügige Unterstützung bei:

angela thomas und erich schmid max bill georges vantongerloo Stiftung

Paul Grüninger Stiftung

Der Rotpunktverlag wird vom Bundesamt für Kultur mit einem Strukturbeitrag für die Jahre 2021 bis 2024 unterstützt.

© 2021 Rotpunktverlag, Zürich
www.rotpunktverlag.ch

Lektorat: Lea Haller

Korrektorat: Christoph Gassmann

Umschlag und Satz: Patrizia Grab

Druck und Bindung: Friedrich Pustet, Regensburg

ISBN 978-3-85869-938-1
1. Auflage 2021

Dieser Titel ist auch als E-Book erhältlich.

Die Zukunft wird auch nicht bewältigt
Der Kopf ist größer als der Hut

Fehlfarben, «Hier und jetzt»,
aus dem Album *Monarchie und Alltag*, 1980

Für Eliane und Mika

Inhalt

Geschichte und Verantwortung

Dreibeinige Halogenscheinwerfer beleuchten einen kahlen Raum. Im Halbkreis ruhen auf wuchtigen Gestellen, Staffeleien nicht unähnlich, zehn Gemälde aus der Sammlung Bührle. »Dies ist größte Kunst. Man kann es kaum fassen«, spricht ein Reporter der Nachrichtensendung *Schweiz aktuell* in die Kamera, sichtlich ergriffen. Der Wert dieser Kunstwerke, war in der Anmoderation zu hören, gehe in die Hunderte Millionen Schweizer Franken. Im blaustichigen Kunstlicht exponiert, wirken die Gemälde fremdartig und zerbrechlich. Wie Organe kurz vor der Transplantation.

Aufgezeichnet wurde der Fernsehbeitrag im November 2020 in einem unterirdischen Hochsicherheitslager in der Nähe von Bern. Hier waren die Kunstwerke auf ihrem Weg in den Kunsthausneubau zwischengelagert. Tresoranlagen dieser Art gibt es in der ganzen Schweiz. Einige befinden sich in Stollen und Höhlen des Schweizer Réduit, der Alpenfestung aus dem Zweiten Weltkrieg. Besonders beliebt ist die von unzähligen Tunneln durchlöcherte Gotthardregion; dort werden etwa Edelmetalle gebunkert. Rohstoffe und andere Sachwerte in großen Mengen lassen sich nicht in Banksafes aufbewahren. Dafür sind die geräumigen Hochsicherheitslager da.

Die Namen der Künstler, deren Werke in der Sendung gezeigt werden, sind längst zu Markennamen geworden. Sie sind weltbekannt; ihre Gemälde wurden millionenfach reproduziert, in Katalogen, Kunstbüchern, auf T-Shirts, Kaffeetassen und im Internet. Wer ein Original besitzt, gehört der hauchdünnen Schicht der Superreichen an. Oft sind die Werke Teil des Portfolios von Großbanken oder Versicherungen. Oder sie werden von einer Stiftung gehalten, nicht selten steuerbefreit, wie die Kunstsammlung des Waffenindustriellen Emil G. Bührle.

Das Original ist die seltenste Ware. Für den Philosophen Walter Benjamin unterscheidet sich das Originalkunstwerk von einer Reproduktion durch seine Geschichte. Genau genommen, spricht Benjamin davon, dass sich die Geschichte am Original vollzogen hat. Er gebraucht die Metapher der Spur, hinterlassen von der Zeit, und meint damit die unverwechselbaren physischen Veränderungen, die das Original seit seiner Entstehung erlitten habe. Die zweite Spur, so Benjamin, sei die der »wechselnden Besitzverhältnisse, in die es eingetreten sein mag«.[1]

Heute wissen wir, dass auch die Reproduktionen in ihrer Struktur nie identisch miteinander sind. Dementsprechend wäre also auch jede Vervielfältigung ein Unikat. Und folgt man der Spur des Originals durch Raum und Zeit, wird diese Spur nie dieselbe sein wie die ihrer Reproduktionen.

Solchen Spuren geht die wissenschaftliche Provenienzforschung nach. Früher tat sie das, um Originale zu identifizieren, sie von Kopien unterscheiden zu können. Heute werden Provenienzen erforscht, um die Legitimität von Besitzverhältnissen zu prüfen. Geklärt wird, wie Kunst- und andere Kulturobjekte in den Besitz von Museen oder Sammlern gelangt sind. Kaum mehr ein Museum kann heute auf solche Abklärungen verzichten.

Dieses Buch beschäftigt sich mit der Frage, wie die Kunstsammlung von Emil G. Bührle ins Kunsthaus Zürich gekommen ist. Es folgt der Spur eines Ensembles von Kunstwerken auf der vorläufig letzten Etappe eines Wegs, der um die Mitte des vergangenen Jahrhunderts seinen Anfang nahm. Im baulich erweiterten Zürcher Kunsthaus werden diese Objekte nun zwanzig Jahre lang gezeigt werden müssen. So bestimmt es ein Leihvertrag zwischen der Bührle-Stiftung und der Zürcher Kunstgesellschaft, die als Verein das Kunsthaus betreibt.

Dass diese Verschiebung im rotgrün-regierten Zürich stattfinden konnte, ist erstaunlich und erklärungsbedürftig. Denn mit dem Namen Bührle, mit Bührles Rüstungsunternehmen und seiner Kunstsammlung ist seit Jahrzehnten ein schweres Erbe verbunden. Kein anderes Schweizer Unternehmen war tiefer mit dem nationalsozialistischen Regime verflochten, keines hat nur ansatzweise in einem solchen Umfang Rüstungsgüter in die Kriegs- und Krisenregionen des 20. Jahrhunderts exportiert, keine andere Familie hat einen nur annährend so großen finanziellen Gewinn aus Geschäften dieser Art gezogen. Kein Schweizer Kunstsammler war enger in den NS-Kunstraub verwickelt als Emil G. Bührle. Seine Kunstsammlung ist ein Archiv der kriegerischen Gewalt aus dem »Jahrhundert der Extreme« (Eric Hobsbawm).

Auf dem Kunstmarkt ist der Wert dieser Werke seither geradezu explodiert. Das führte dazu, dass die Sammlung in einem engen Interessenverbund der Stiftung Bührle, des Kunsthauses und der Stadt Zürich von ihrem Begründer losgelöst wurde. Ziel war es, ihre Funktion zu verändern. Heute repräsentieren die Kunstobjekte nicht mehr die Waffenschmiede oder den Namen Bührle, sondern den Wirtschafts- und Kulturstandort Zürich.

Damit dies gelingen konnte, wurde die Geschichte der Sammlung in zwei Stränge aufgetrennt; jeder Strang sollte separat erforscht werden. Die Forschung zur Provenienz der Werke blieb Aufgabe der Bührle-Stiftung selbst, während die Erforschung des historischen Entstehungskontexts der Sammlung als *comissioned history* der Universität Zürich anvertraut wurde. Von Februar 2018 bis Februar 2020 war ich wissenschaftlicher Mitarbeiter dieses Projekts. Danach stieg ich wegen Uneinigkeiten über die Ausrichtung der Forschung aus.

Bei der Durchsicht des noch unpublizierten Forschungsberichts entdeckte ich, dass dieser an entscheidenden Stellen abgeändert worden war, was, wie ich erfuhr, auf Druck der Sammlung Bührle und der Kulturdirektion im Präsidialdepartement Zürich geschehen ist.

Sowohl die stiftungsinterne Provenienzforschung als auch der universitäre Forschungsauftrag starteten erst, als die Verschiebung der Sammlung ins Kunsthaus längst in die Wege geleitet war. Die Bührle-Forschungen hatten nie – selbst wenn sie unabhängig und frei von politischen Einflussnahmen gewesen wären – eine kritische Aufarbeitung zum Ziel. Eine solche hätte am Anfang des Transferprozesses stehen müssen; sie wäre die Voraussetzung für eine vertiefte Diskussion gewesen. Etwa darüber, ob eine Überführung in ein öffentliches Haus der richtige Umgang mit Geschichte sei, und über die Verantwortung, die sich aus der Vergangenheit ergibt.

Das Ziel aber war die Trennung der Sammlung Bührle von ihrer Geschichte. Nicht dadurch, dass man sie verschweigt, sondern dadurch, dass man sie in einer bestimmten Weise erzählt.

Davon überzeugt, dass sich historische Verantwortung nicht wie ein Salzkorn in einem Glas Wasser auflöst, spreche ich vom Kunsthaus als einem kontaminierten Museum. Wird auf die Sammlung Bührle verwiesen, ist oft zu hören, sie sei historisch belastet. Nun hat Geschichte kein Gewicht, doch die Metapher der Last macht deutlich, dass damit bestimmte Ereignisse aus der Vergangenheit gemeint sind, die heute als problematisch wahrgenommen werden. Auch Kontamination ist eine Metapher. Sie auf das Kunsthaus Zürich zu beziehen heißt, die Geschichte der Sammlung Bührle in die Gegenwart zu verlängern und über die Bedeutung der Sammlung und ihrer Geschichte in der Zukunft nachzudenken. Denn die Sammlungsgeschichte endet keineswegs 1960 mit der Gründung der Stiftung, in deren Besitz rund ein Drittel der ursprünglich etwa sechshundert Werke eingegangen ist.

Als der Unternehmer und Kunstsammler Friedrich Christian Flick 2001 in Zürich ein Museum für zeitgenössische Kunst bauen wollte, stieß er mit seinen Plänen auf erbitterten Widerstand. Exponenten aus Politik und Kultur forderten, dass sich Flick persönlich an einer Stiftung beteilige, die ehemalige Zwangsarbeiterinnen und Zwangsarbeiter und ihre Angehörigen finanziell unterstützt. Flicks Großvater – wie Bührle ein Waffenindustrieller – hatte in extremem Ausmaß von NS-Zwangsarbeit profitiert. Der Enkel wies 2001 die Forderung nach finanzieller Wiedergutmachung zurück; er habe, erklärte er, von seinem Großvater die Verantwortung geerbt, nicht die Schuld.

Bührle als Waffenindustrieller

Flicks Zürcher Museumspläne scheiterten also an unterschiedlichen Haltungen darüber, wer in der damaligen Gegenwart welche Verantwortung für die Geschichte zu tragen habe. Im Zusammenhang mit der Bührle-Sammlung wurde diese Frage nie gestellt. Dabei ist die Sammlung gleich doppelt belastet.

Die Geschichte von Emil G. Bührles Rüstungsfirma wurde im Kontext der Verflechtung der schweizerischen Rüstungsindustrie und des Kriegsmaterialhandels während des Nationalsozialismus erforscht.[2] Die Studie von Peter Hug konnte zum ersten Mal detailliert zeigen, wie der Zweite Weltkrieg Emil G. Bührles Rüstungsfirma, die Werkzeugmaschinenfabrik Oerlikon (WO), zur größten Kriegsmaterialproduzentin der Schweiz und Bührle zum reichsten Schweizer gemacht hatte. Nach Zürich gekommen war der 1890 in Deutschland geborene Bührle 1924 als Prokurist im Auftrag der deutschen Heeresleitung. Hier, auf neutralem Boden, sollte er die technologische Weiterentwicklung einer Zwanzig-Millimeter-Maschinenkanone leiten.[3] Der Versailler Friedensvertrag, 1920 in Kraft getreten, untersagte Deutschland die Wiederbewaffnung und den Aufbau einer eigenen Rüstungsindustrie. Das Deutsche Reich organisierte seine Wiederaufrüstung deshalb verdeckt und auf mehrere Staaten verteilt.

Die Schweiz bot beste Voraussetzungen, die pazifizierenden Absichten zu durchkreuzen. Sie hatte die Pariser Vorortverträge nicht ratifiziert und kannte keine Exportkontrolle. Auf einem unruhigen Kontinent galt sie als politisch und wirtschaftlich stabil und war dadurch als Offshore-Standort für die verdeckte Wiederaufrüstung Deutschlands überaus geeignet.

Innerhalb kürzester Zeit erwies sich der ehemalige Student der Kunstgeschichte und Angehörige paramilitärischer Kampfeinheiten der äußersten Rechten im Bürgerkrieg als der richtige Mann auf dem richtigen Platz. In der Person Bührles trafen sich rechtsnationale Gesinnung, kaufmännisches Geschick und technisches Verständnis – eine seltene Kombination. Bührle war am Maschinengewehr ausgebildet, verfügte über Fronterfahrung und war als Freikorpsangehöriger nach eigenem Bekunden an der, wie er es ausdrückte, Niederwerfung der Kommunistenaufstände in Berlin von 1918/1919 beteiligt gewesen. Bührle verehrte den Antidemokraten Oswald Spengler, teilte dessen Kriegsfaszination, kurz, Bührle vertrat die militaristisch-deutschnationale Ideologie der untergegangenen Wilhelminischen Zeit. Und damit auch den unbedingten Willen, Deutschland wieder aufzurüsten und den, wie ihn die revanchistische Rechte nannte, »Schmachfrieden von Versailles« nicht zu akzeptieren.

Ohne die technologischen und industriellen Vorbereitungen an den Offshore-Standorten Schweden, Niederlande oder in der Schweiz wäre das rasante Herauffahren der deutschen Massenproduktion von Rüstungsgütern in den dreißiger Jahren nicht möglich gewesen – eine unverzichtbare Bedingung für die Entfesselung des Krieges von 1939.

In der kurzen Zwischenkriegszeit entstand nicht bloß die Werkzeugmaschinenfabrik Oerlikon, sondern mit ihr die gesamte exportorientierte Rüstungsindustrie der Schweiz. Bührles Unternehmen überflügelte nicht zuletzt dank seinen hervorragenden Kontakten zur revanchistisch-reaktionären Elite Deutschlands im Nu alle Konkurrenten.

Die WO ließ sich rasch in die Gewinnzone führen, was die Voraussetzung schuf, sie zu autonomisieren. Vorausschauend, entkoppelte Bührle die Firma schrittweise von deutschen Interessen – nicht aus politischen, sondern aus unternehmerischen Gründen. Das Wohlwollen der reaktionären Spitzen des Deutschen Reichs blieb ihm erhalten; sein Netzwerk erwies sich als stabil und enorm weitreichend.

Auch der Machtwechsel von 1933 gefährdete Bührles Sonderstellung in keiner Weise. Die WO baute ihre Produktion fortlaufend aus, belieferte bald eine Vielzahl von Staaten, vom vorrevolutionären China zu Großbritannien, von Mexiko oder Äthiopien bis hin, im Verborgenen, zur Sowjetunion. 1938 konnte Bührle die Mehrheit der WO-Aktien übernehmen. In der Folge formte er das Unternehmen zu einer Kommanditgesellschaft um – das heißt, er wurde Alleinbesitzer, trug also das volle geschäftliche Risiko. Der Vorteil war, dass die in rasantem Tempo wachsende WO auf dem volatilen Rüstungsmarkt agil wurde. 1935 beschäftigte sie noch vierhundert, 1939 bereits zweitausend Mitarbeiterinnen und Mitarbeiter.

1937 konnte Bührle das Schweizer Bürgerrecht erwerben. Dieser Schritt war unabdingbar geworden, um die WO langfristig in Zürich halten zu können. Drei

Jahre zuvor hatte Bührle zusammen mit dem Heereswaffenamt und dem Reichsluftfahrtministerium die Ikaria AG mit Sitz in Berlin gegründet. Die Aktienmehrheit war im Besitz von Emil G. Bührle, der sich einen direkten und von Schweizer Außenwirtschaftsbeziehungen unabhängigen Zugang zum NS-Staat sichern wollte. Die Ikaria stellte hauptsächlich Flugzeugbewaffnungen her, basierend auf der hauseigenen Zwanzig-Millimeter-Maschinenkanone. Sie sollten aus taktischen Gründen aber nicht in Oerlikon, sondern in Deutschland produziert werden. Deshalb verkaufte Bührle die Herstellungslizenz für die Schnellfeuerwaffe an die Ikaria. Für jede verkaufte Kanone strich Bührle eine Beteiligung ein. Aufgrund von Streitigkeiten um Devisen und dem Bestreben der deutschen Luftfahrtindustrie, die Kontrolle über den gesamten Sektor in staatliche Hände zu legen, zerfiel die Kooperation aber rasch wieder. Bührle überschrieb die Beteiligung an der Ikaria schließlich an seine beiden in Deutschland lebenden Geschwister.

Die Ikaria wurde in eine neu gegründete Firma integriert, die Veltener Maschinenbau GmbH. Für dieses Unternehmen errichteten die Besitzer ein werkseigenes Satellitenlager unter dem Kommando erst des KZ Ravensbrück, danach des KZ Sachsenhausen. Darin wurden ausschließlich Frauen, darunter Sinti, Romnija und Jüdinnen, aus Polen, Russland, Frankreich, Deutschland, Rumänien, Ungarn und Lettland gefangen gehalten und zur Arbeit gezwungen. Bis zu 722 Frauen verrichteten unter der Lagerleitung durch SS-Unterscharführer Heinrich Loose Zwangsarbeit für die Ikaria. Nur mit viel Glück erlebten sie ihre Befreiung durch die Rote Armee am 20. April 1945.

Genaueres über das Schicksal der Insassinnen weiß man nicht. Bekannt aber ist, dass Bührle durch seinen Lizenzvertrag 870 560,50 Schweizer Franken aus NS-Zwangsarbeit zuflossen. Weitere knapp 300 000 Schweizer Franken blieben auf einem Sperrkonto blockiert. Ob Bührle wusste, unter welchen Bedingungen in der Ikaria gearbeitet wurde? Seine engen Kontakte ins militärisch-industrielle Netzwerk der NS-Eliten, die regelmäßigen Treffen mit solchen Leuten, seine rege Reisetätigkeit in Deutschland lassen dies vermuten. Auch ein fragmentarisch erhaltenes Schriftstück im WO-Archiv stützt diese Einschätzung. Wahrscheinlich von einem Anwalt verfasst, liest es sich wie eine Verteidigungsschrift Bührles, die belegen soll, wie lose seine Verbindung zur Ikaria gewesen sei. »Niemals hat Oerlikon über diese Gesellschaft etwas erfahren, noch war sie [gemeint ist die verantwortliche Veltener Maschinenbau GmbH] über Ikaria direkt oder indirekt daran interessiert«,[4] wird darin mit Nachdruck und ähnlich an anderen Stellen behauptet.

Verfasst wurde das Schriftstück vermutlich im Spätsommer 1948, also etwas mehr als ein halbes Jahr nach den Nürnberger Kriegsverbrecherprozessen. Dort war der Waffenindustrielle Friedrich Flick zu sieben Jahren Haft verurteilt worden, unter anderem wegen NS-Zwangsarbeit in seinen Werken – 1950 kam er allerdings wieder frei. Wäre Bührle 1937 nicht in der Schweiz eingebürgert worden, hätte er sich ebenfalls vor Gericht verantworten müssen.

Ob Bührle davon wusste oder nicht – seit 2016 sind diese Fakten bekannt.[5] Bislang wurden wegen der Gewinne aus Zwangsarbeit keine Reparations- oder Wiedergutmachungsforderungen an die Nachkommen Emil G. Bührles gestellt.

Zu Beginn des Kriegs belieferte Bührles WO auch Frankreich und Großbritannien. NS-Deutschland stellte seine Waffen und Munition nach Möglichkeit selbst her. Die WO wäre mit den britischen und französischen Bestellungen bis 1942 ausgelastet gewesen, kontaktierte im März 1940 aber dennoch die deutschen Stellen. Bührle dachte voraus. Kurz darauf war die Schweiz beinahe vollständig von den Achsenmächten umschlossen. Die WO richtete ihren Kriegsmaterialexport neu nach NS-Deutschland aus. Vom Sommer 1940 bis zum angesichts des nahenden Kriegsendes erlassenen Exportverbot von 1944 exportierten Schweizer Unternehmer Rüstungsgüter im Gesamtwert von 751,5 Millionen Schweizer Franken. 84 Prozent davon – das sind Artikel im Wert von 623,9 Millionen Franken – gingen an die Achsenmächte. Davon wiederum entfielen 543,3 Millionen auf Exporte der WO.

Möglich waren diese Exporte nur durch die vom Bund zur Verfügung gestellten Clearingkredite. Als Clearing wird der interstaatliche Zahlungsverkehr bezeichnet, der auch dann den grenzüberschreitenden

Austausch von Waren ermöglichte, als der internationale Zahlungsverkehr kriegsbedingt zum Erliegen gekommen war. Der Bund stellte im Rahmen von Clearingabkommen bis Ende des Kriegs insgesamt 1100 Millionen Franken für Geschäfte mit NS-Deutschland und 390 Millionen Franken für solche mit dem faschistischen Italien bereit. Die staatliche Clearingpraxis schuf die Grundlage für neutralitätswidrige Rüstungsgeschäfte mit Deutschland und Italien; das Geld wurde darum schon unmittelbar nach dem Krieg als »Kollaborationsmilliarde« bezeichnet. Heute gilt diese Clearingpraxis als Bruch der Haager Konvention von 1906 und damit der Neutralitätspolitik.

Nutznießer des Neutralitätsbruchs waren NS-Deutschland, das faschistische Italien – und Bührles WO. Dabei hätte das Unternehmen jederzeit die Produktion auf zivile Güter umstellen können – wie andere Schweizer Firmen das getan haben. Die WO war zu keinem Zeitpunkt gezwungen, Kriegsmaterial an NS-Deutschland und seine Verbündeten zu liefern.

Die Exporte an die Achsenmächte zahlten sich indessen aus. Zum Kriegsende war Bührle der reichste Mann der Schweiz. Aus seinen Geschäften und dem exorbitanten Gewinnen daraus flossen dem Staat und dem Kanton Zürich allein zwischen 1941 und 1944 etwa hundert Millionen Schweizer Franken an Steuern zu.

Als sich Ende 1942 die militärische Niederlage Deutschlands abzuzeichnen begann, machte die WO ihren Beschäftigten Mut. Jetzt bloß keine Furcht vor dem Frieden haben, verkündete Hans Mötteli, Kadermitglied und Professor an der Handelshochschule St. Gallen in der Werkszeitung. Es gelte, sich geistig und materiell auf den Frieden vorzubereiten.

Tatsächlich gelang es Bührle, nach 1945 rasch wieder Fuß zu fassen. 1941 war er von den Alliierten wegen seiner Exporte an die Achsenmächte zwar auf eine schwarze Liste gesetzt worden – das bedeutete, dass britische und US-amerikanische Firmen keine Geschäfte mit ihm, der WO und ihren Tochterfirmen tätigen durften. Die Unsicherheit für Bührle aber währte nur kurz. Mit dem Washingtoner Abkommen vom 25. Mai 1946 konnte die Diplomatie einen veritablen Coup landen. Die Schweiz zahlte 250 Millionen Franken als »freiwilligen« Beitrag zum Wiederaufbau Europas, was gerade einmal einem Fünftel dessen entsprach, was aus NS-Deutschland an Gold aufgekauft worden war – oder ein wenig mehr als der Hälfte dessen, was Bührle während vier Kriegsjahren an Steuern entrichtet hatte. Im Gegenzug verschwanden die schwarzen Listen, und der Schweiz gelang die nahtlose Westintegration.

In der Zwischenzeit war Bührle nicht untätig gewesen. Wie schon während des Zweiten Weltkriegs hätte er den Rüstungssektor abstoßen, die breit aufgestellte Firma redimensionieren und gänzlich in eine Produktion ziviler Güter einsteigen können. Die Profite aus dem Kriegsmaterialgeschäft aber waren so ernorm hoch, dass daran nicht zu denken war. Im Gegenteil, Bührle unternahm alles, seine Profite weiterhin zu maximieren. Erst seit Kurzem ist bekannt, dass er sich dabei zwischen 1945 und 1950 auch systematisch in der Illegalität bewegte.[6] Mit hoher Wahrscheinlichkeit tat er dies schon seit den dreißiger Jahren; Hinweise darauf gibt es zahlreiche.

Bührles Waffenexperten, darunter Ingenieure, die zuvor in NS-Rüstungsfirmen tätig gewesen waren, hatten eine ballistische Rakete entwickelt, die mit großer Zielgenauigkeit Sowjetpanzer durchschlagen konnte. Diese Waffe verkaufte er während des Koreakriegs (1950–1953) hunderttausendfach allein an die USA. Bührle setzte sich mit seiner ganzen Macht und dank seinen nach wie vor ausgezeichneten Kontakten in die Landesregierung gegen neutralitätspolitische Bedenken durch. Erneut wollte er die kriegsbedingt günstige Situation nutzen, um eine Tochterfirma dort zu installieren, wo die Nachfrage besonders groß war. In Asheville (North Carolina) baute er hastig ein Werk, um sich den Zugang zum hochlukrativen amerikanischen Rüstungsmarkt zu sichern. Doch die US-Konkurrenten holten in der raketengetriebenen Waffentechnik schnell auf, und bevor Bührles fabrikationsbereite Firma auch nur ein Geschoss verkaufen konnte, musste sie unter hohen Verlusten schon wieder abgewickelt werden. Trotzdem blieben die Gewinne aus dem Raketengeschäft enorm. Als Bührle starb, übernahm sein Sohn Dieter die Leitung und kannte wie sein Vater keinerlei Hemmnisse, Kriegsmaterial in die Hotspots des Kalten Kriegs zu exportieren, legal oder illegal.

Obschon Emil G. Bührle sich auch als Waffenschmuggler in industriellem Ausmaß betätigte, wurde ihm – anders als seinem Sohn Dieter Bührle – nie der Prozess gemacht. So mächtig war seine Position, so sehr hatte sich die Schweiz in ihrer militärischen Sicherheitspolitik von ihm abhängig gemacht.

Man kommt nicht umhin, in der seit über einem halben Jahrhundert andauernden Abhängigkeit des Kunsthauses von Bührles Kapital eine Fortsetzung dieses Musters zu sehen. Bührles unerschöpfliche Gelder finanzierten den elegant unterstelzten, 1958 eröffneten Anbau und machten das Kunsthaus zu einer Institution von nationaler Bedeutung. Und nun wollen Kunsthaus und Stadt Zürich mit dem in seiner Kunstsammlung geronnenen Kriegskapital in die europäische Topliga der Museen aufsteigen.

Seiner Familie hinterließ Emil G. Bührle sein riesiges Vermögen. Und eine umstrittene Kunstsammlung.

Sammeln um jeden Preis

Mit dem Sammeln von Kunst hatte Bührle schon während des Kriegs begonnen. Zum Kunstsammler aber wurde er erst im Kalten Krieg – und durch den Kalten Krieg. In den Jahren zwischen 1933 und 1945 war der internationale Kunstmarkt neu formatiert worden.[7] Unter dem Druck der antisemitischen Politik des NS-Staats mussten jüdische Galeristen, Kunsthändler und

Sammler Deutschland, Frankreich und andere europäische Staaten verlassen, die meisten in Richtung der USA. In der Folge wurden in großer Zahl Kunstwerke und andere Kulturgüter verschoben und auf den Markt gespült. Ab 1937 verschärfte sich der NS-Kunstraub innerhalb Deutschlands und seiner besetzten Gebiete. Das Regime ging zu systematischem Terror, Entrechtung und Ausplünderung von als jüdisch Verfolgten über. Dadurch gelangten weitere Objekte in großer Zahl in Umlauf. Nach 1945 lagen die Zentren des Kunstmarkts nicht mehr nur in Paris oder London, sondern auch in Übersee, mit dem Schwerpunkt New York.[8] Auch der Schweizer Kunstmarkt profitierte langfristig von diesen enormen Umschichtungen.[9] Auf diesen Nachkriegsmärkten, die direkte Folge der NS-Rassenpolitik und des Krieges waren, erwarb Bührle den überwiegenden Teil seiner Kunstsammlung.

Von 1939 bis 1945 kaufte er etwa hundert, zwischen 1946 und seinem Tod 1956 fast fünfhundert Objekte. Bührle unterhielt ein Netzwerk von Zwischenhändlern, das ihm Kunstobjekte zuspielte. Die Hälfte der insgesamt über sechshundert Kunsterwerbungen fand in der Schweiz statt, insbesondere bei Galeristen und Händlern wie Fritz Nathan in St. Gallen oder den Galerien Aktuaryus in Zürich und Fischer in Luzern, deren Rolle im NS-Kunstraub gut dokumentiert ist. Nachdem Bührles Name von den schwarzen Listen der Alliierten gestrichen war und seine Raketengeschäfte mit der US-Armee anliefen, stieß er auch auf den transatlantischen

Kunstmarkt vor. Seine Besuche im politischen Washington D.C. verband er mit ausgedehnten Einkaufstouren im mondänen New York. Den Gemälden, die er unbedingt besitzen wollte, folgte er auch nach London, Paris oder Monaco.[10]

Für gotische Holzskulpturen brauchte er bloß nach Konstanz zu reisen, zu Benno Griebert, der im alten Schloss Meersburg am Bodensee einen schwungvollen Kunsthandel aufgezogen hatte. Griebert war eine der Schlüsselpersonen für den Kunstsammler Bührle, wie die aktuelle Forschung zeigt.[11] Auch in der kürzlich erschienenen, opulent bebilderten Bührle-Sammlungsgeschichte, in der Stiftungsdirektor Lukas Gloor die Summe seiner Provenienzforschung vorstellt, taucht Griebert kurz auf.[12] Mit keinem Wort wird allerdings erwähnt, dass der Kunsthistoriker Benno Griebert überzeugter Nationalsozialist gewesen war, ein sogenannter »alter Kämpfer«, mit NSDAP-Parteieintritt vor 1933. Von 1934 bis 1937 war er als Referent bei der Reichskammer der Bildenden Künste in Berlin und von 1938 bis 1939 für die Berliner Nationalgalerie tätig. Danach war Griebert Berater im Einsatzstab Reichsleiter Rosenberg (ERR), einer der wichtigsten NS-Rauborganisationen, zuständig für die Plünderung von Kulturgütern in den besetzten Ländern. Als stellvertretender Direktor des ERR von 1941 bis 1945 fungierte Bruno Lohse.[13] Nach dessen Tod 2007 wurde in einem Tresor der Zürcher Kantonalbank noch NS-Raubkunst entdeckt. Der einzige Zeichnungsberechtigte für das Bankfach war Grieberts Sohn

Peter.[14] Benno Griebert und Bruno Lohse werden den wenig erforschten Netzwerken zugerechnet, die die Spuren des Kunstraubs nach Kriegsende verwischten und für Kontinuität auf dem (Post-)Raubkunstmarkt sorgten.[15]

Vom NS-Kunstraub hatte Bührle schon 1941 profitiert. Dank seinen ausgezeichneten Kontakten zum NS-Staat war es ihm möglich, im besetzten Paris in einer »arisierten«, also enteigneten Galerie fünf später als Raubgut identifizierte, impressionistische Gemälde zu erwerben. Auch das Kunsthaus Zürich interessierte sich für den Pariser Raubkunstmarkt und entsandte zeitgleich eine Delegation. Abgesehen hatten sie es, wie Bührle auch, vor allem auf die Werke französischer Impressionisten.

Diese fünf und acht weitere Gemälde musste der Waffenproduzent aufgrund eines bis heute umstrittenen Bundesgerichtsurteils restituieren. Bührle ließ nicht locker und konnte dank seinem Reichtum neun dieser Werke ein zweites Mal kaufen und dauerhaft in den Sammlungsbestand integrieren. Die Prozesse gingen für ihn überaus glimpflich aus. Die Bundesrichter gestanden ihm Gutgläubigkeit zu: Er habe nicht gewusst, dass er Raubkunst kaufte. Das Schweizerische Zivilgesetzbuch kennt seit 1912 den gutgläubigen Erwerb von Sachen, deren Verkauf unrechtmäßig erfolgt. Solche Käufe werden also nicht zwingend mit Strafe belegt. Heute wird in Fällen von Kulturgutverlust vorsichtiger entschieden, damals aber ging das Gericht bei Käufen von Raubgut strikt von der Gutgläubigkeit aus. Kunstkäufe im von den Nazis besetzten Paris in einer Galerie, die davor einem jüdischen Franzosen gehört hatte, konnten so im guten Glauben erfolgt sein, dass die Herkunft der Werke rechtmäßig sei. Hier einen gegenteiligen Beweis zu erbringen – in der Rechtsprechung: die Bösgläubigkeit nachzuweisen –, ist ein Ding der Unmöglichkeit.[16]

In wissenschaftlichen Publikationen taucht Bührles Namen im Zusammenhang mit dem NS-Kunstraub seit den neunziger Jahren regelmäßig auf. Jüngste Forschungsergebnisse deuten darauf hin, dass Bührle sich während des Zweiten Weltkriegs nicht bloß als Kunstsammler, sondern auch als Kunsthändler betätigte; er habe sich im November 1942 an das nahe Umfeld des »Reichsmarschalls« Hermann Göring gewandt und vier Gemälde zum Kauf angeboten.[17]

Von der Belastung zur Kontamination

Das ist also gemeint, wenn von der historischen Belastung der Sammlung Bührle gesprochen wird. Es ist zum einen die Herkunft der Gelder, die zu ihrem Aufbau verwendet wurden, zum anderen die Herkunft einer weiterhin unbestimmten Anzahl von Objekten, die zur Sammlung zählen. Es zeigt sich eine in dieser Form außergewöhnliche Zirkularität: Gelder, die aus kriegerischen, neutralitätswidrigen, teilweise widerrechtlichen

Geschäften stammen – und die zum Erwerben von Kunstobjekten eingesetzt wurden, die als Folge der antisemitischen, nationalsozialistischen Beraubungs- und Verfolgungspolitik überhaupt erst auf die Märkte gelangt waren.

Die Provenienzforschung der Bührle-Stiftung streitet diesen Zusammenhang beharrlich ab. Die Stadt und das Kunsthaus Zürich attestieren dieser Forschung ihrerseits umfassende Transparenz und behaupten, ihre Qualität genüge selbst höchsten internationalen Standards.

Derweil erweitert sich in der unabhängigen Forschung das Verständnis der Dimensionen von Bührles Tätigkeiten als Unternehmer und Sammler stetig. Er operierte in der Legalität wie in der Illegalität und war keineswegs, wie behauptet wird, einfach ein Opportunist.[18] Als Waffenproduzent und Sammler war Bührle ein Mann, der sich gewohnheitsmäßig außerhalb gängiger moralischer und ethischer Kategorien bewegte und der sich dies auch leisten konnte.

In den vergangenen zwanzig Jahren ging die Sammlung Bührle durch ein Netzwerk aus Institutionen und Experten. Sie wurde bewertet, medialisiert und valorisiert. Daran waren unter anderem Stadtplanerinnen, Marketingexperten, Verwaltungsangestellte, Museumsdirektoren, Regierungsbeamte, Kunsthistorikerinnen und Historiker, Versicherungen, Banken und Rechtsanwälte beteiligt. Mit dem Soziologen und Philosophen Bruno Latour gesprochen, war dieses Netzwerk eine vorübergehende Verbindung zwischen menschlichen und nichtmenschlichen Akteuren.[19]

Nicht alle verfolgten dasselbe Ziel. Die Stadtentwicklerinnen etwa, die Experten für Standortmarketing, hatten in ihrer Arbeit nie die Bührle-Sammlung im Blick, so wie sich die wenigsten Teilnehmer dieses temporären Netzwerks je mit Fragen der Erinnerungskultur oder der Geschichte der Schweiz im Zweiten Weltkrieg beschäftigt haben dürften.

In der Verschaltung ihrer verschiedenen Rollen und Funktionen aber fanden – wiederum beziehe ich mich auf Latour – Übersetzungen[20] statt. Aus einem Museum wurde ein Erinnerungsort, und ein privates Provenienzforschungsprojekt konnte zum Katalysator für die Verschiebung der Bührle-Sammlung vom privaten in den öffentlichen Raum werden. Die Stadt Zürich wiederum verfolgte strategische Ziele des Standortmarketings und steckte dafür Steuergelder in die Pflege, Sicherheit und Aufwertung von Bührles Kunstsammlung, während die Universität dafür Sorge trug, dass ihr Forschungsauftrag diesen Interessen nicht zuwiderläuft. Es waren Prozesse, in denen menschliche Akteure wie Institutionen dachten.[21] Was auch immer die je eigenen Ziele gewesen sein mögen – am Ende gingen sie alle in der Überblendung verschiedener Perspektiven auf, und zwar zu einer Interessenkonvergenz in Fragen der neoliberalen Stadtentwicklung, des Standortmarketings und der Sammlungsaufwertung.

Solange Bührles Kunstwerke in einem kleinen, wenig

besuchten Privatmuseum schlummerten, erregten sie in der Öffentlichkeit wenig Aufsehen. Seit den neunziger Jahren aber verfolgte sie ihre Geschichte. Wenigstens im Ausland. Keine Ausstellung ihrer Gemälde verlief ohne kritische Berichterstattung oder Proteste. Um sie ins Kunsthaus, eine öffentliche Institution, verschieben zu können, musste die Sammlung Bührle darum aus ihren Entstehungskontexten herausgelöst werden. Wie konnte dieser Transfer, ungeachtet des schweren historischen Erbes, zustande kommen? Wem dient er? Welche Rolle spielte dabei die Erforschung der Geschichte dieser Sammlung? Ich zeige in diesem Buch, wie sich die Provenienzforschung in den vergangenen Jahrzehnten verändert hat, wer sie auf welche Weise betreibt und was für ein rechtlicher Rahmen ihr zugrunde liegt. Die Rolle der Schweiz im Zweiten Weltkrieg ist nie Teil eines offiziellen Gedenkens geworden. Das macht die Erinnerungskultur bezüglich der NS-Zeit besonders verletzlich. Umso stärker stünden öffentliche Institutionen in der Verantwortung, die maßgeblich an der Vermittlung und Verbreitung von Geschichtsbildern beteiligt sind.

1. Die Transformation einer Kunstsammlung

Der Testbetrieb ist beendet. Belüftung, Beleuchtung, Sicherheit – über Monate wurde der Kunsthausneubau auf Herz und Nieren geprüft. Erst danach konnten die Kunstschätze im Milliardenwert ins High-Tech-Museum eingespeist werden. Die wertvollsten Stücke, die nun zu sehen sind, gehören zur Sammlung des 1956 verstorbenen Waffenindustriellen Emil G. Bührle. So kostbar sind diese El Grecos, Rembrandts und Rubens, Cézannes, Monets, Degas und Van Goghs, Matisses, Chagalles, Modiglianis und Picassos, dass man sie nicht versichern kann; die Prämien würden jährlich in die Millionen gehen.

Wie die meisten der im Neubau gezeigten Werke, sind auch die Gemälde der Sammlung Bührle nicht Eigentum des Kunsthauses. Es verwertet ihre Bekanntheit, um die zuletzt etwas versiegten Besucherströme wiederzubeleben. Doch um sie zeigen zu können, ist mehr als ein für den Erhalt der bemalten Leinwände optimales Raumklima und der Sicherheitsstandard eines Banktresors vonnöten. Dafür mussten auch die Geschichte ihrer Herkunft und die der Kriegsgeschäfte, die ihrer Erwerbung ermöglichten, erforscht und erzählbar gemacht werden.

Vor dem Umzug ins Zürcher Kunsthaus lag das Kapital der Sammlung Bührle brach. Die rund zweihundert Gemälde und Skulpturen bestückten über Jahrzehnte eine Backsteinvilla in einem Außenquartier Zürichs; seit dem Frühjahr 1960 diente das Gebäude als Privatmuseum. Die Verbindung zwischen der Familie des Verstorbenen und seiner Kunstsammlung war anfänglich sehr eng. Mit der Zeit aber lockerte sie sich. Immer deutlicher zeichnete sich ein Ungleichgewicht ab, und zwar zwischen dem Nutzen des kleinen Museums als Repräsentationsort und dem stetig anwachsenden Wert seiner Sammlung. Dabei war dieser zunächst noch relativ bescheiden gewesen, wenigstens im Vergleich zum Rest des Familienvermögens. Exakt 598 Kunstobjekte hatte der Sammler Bührle hinterlassen; sie wurden zum Zeitpunkt der Eröffnung des privaten Museums auf etwa zehn Millionen Schweizer Franken geschätzt. Wie hoch der tatsächliche Wert damals war, ist schwer abzuschätzen. Bührle hatte insgesamt 39 Millionen Franken in seine Sammlung investiert. Rund ein Drittel der Werke überführten die Erben – die Witwe Charlotte Schalk-Bührle und die beiden Kinder Hortense Bührle und Dieter Bührle – 1960 in eine Stiftung, um sie, wie es in ihren Statuten heißt, »auf diese Weise der Stadt Zürich zu erhalten und der

Öffentlichkeit zugänglich zu machen«.[1] Die zwei weiteren Drittel befinden sich bis heute im Eigentum der Familie. Dieser den Blicken der Öffentlichkeit weitgehend entzogene Teil wird auf etwa eine Milliarde Schweizer Franken geschätzt. Die gegenwärtig 203 Werke der Stiftung dürften um die drei Milliarden Schweizer Franken wert sein.[2]

Nun mag man einwenden, eine solche Zahl sei letztlich fiktiv, schließen die Stiftungssatzungen mögliche Verkäufe doch aus; die Gemälde und Skulpturen sind dem Markt entzogen. Doch das Kapital der Sammlung Bührle ist keineswegs bloß ein symbolisches, mit dem sich eine herausgehobene soziale Stellung beglaubigen und Machtanspruch legitimieren ließen.[3] Die rechtliche Kodierung[4] der Sammlung als gemeinnütziges Stiftungskapital hat die Erben über Jahrzehnte von der Steuerpflicht befreit und damit letzten Endes den gewaltigen Wertzuwachs der Bührle-Sammlung ermöglicht. Wären darauf Vermögenssteuern zu entrichten gewesen, hätte die Sammlung nur unter enormen Aufwendungen zusammengehalten werden können.

Jetzt erst, da die kostbaren Kunstwerke um wenige Kilometer in den Kunsthausneubau im Stadtzentrum verschoben sind, wird das in ihnen steckende kommerzielle Potenzial aktiviert. Nicht länger sollen sie den Waffenindustriellen Emil G. Bührle und seine Familie repräsentieren, sondern den Wirtschaftsstandort Zürich.

Blockade im Seefeld

Um die kontrovers diskutierte Sammlung des Rüstungsindustriellen einem großen Publikum zeigen und sie somit verwerten zu können, musste sie räumlich verschoben werden. Ebenso wichtig aber war es, die historische Hypothek dieser Kunstsammlung zu verwandeln – das bedeutete, diese Geschichte nicht gänzlich zu verschweigen, sondern daraus ein Narrativ zu entwickeln, das Teil ihrer Verwertung werden kann.

Zwei Jahrzehnte dauerte der Prozess der Transformation des Sammlungskapitals. Die strukturellen Bedingungen für die Verschiebung[5] von Bührles Kunstwerken ins Kunsthaus schuf ein ab 2001 entwickeltes Aufwertungsprojekt für den Hochschulstandort Zürich. In den Sog dieser städtebaulichen Planung geriet auch das Kunsthaus. Aus Gründen des Standortmarketings wollte man es substanziell erweitern und zu einem »kulturellen Schwerpunkt«[6] ausbauen. Der Wachstumsimpuls wurde umgehend in die verbindliche Fünfjahresplanung für die städtischen Kulturinvestitionen aufgenommen. Die räumlichen Gegebenheiten des Kunsthauses, so das zuständige Präsidialdepartement 2003, würden den Ansprüchen nicht länger genügen. Nur mit einem Erweiterungsbau »könnte das Haus Anreiz für private Schenkungen und Leihgaben bieten, die aus öffentlichen Mitteln nie aufgewogen werden könnten«.[7] Damit öffnete sich ein *critical window* für die Bührle-Stiftung, die schon immer eng mit dem Kunsthaus, nicht aber mit den politischen

Gremien der seit 1990 rot-grün regierten Stadt verbunden war.

Von entscheidender Bedeutung waren auch zur selben Zeit erfolgte Führungswechsel in der Zürcher Kunstgesellschaft – sie betreibt das Kunsthaus –, im Kunsthaus selbst wie in der Stiftung Sammlung E. G. Bührle. 2002 wurde Walter Kielholz Präsident der Kunstgesellschaft, ein wirtschaftsliberaler Banken- und Versicherungsmanager, der damals als »einflussreichste Persönlichkeit des Landes an der Schnittstelle zwischen Wirtschaft und Politik«[8] galt. Die *Neue Zürcher Zeitung* erkannte anlässlich seiner Wahl schon früh, es brauche jetzt einen Mann wie Kielholz, einen, der Brücken baue, vor allem zur Familie Bührle, denn nur mit deren Sammlung könne das Kunsthaus endlich das »dringend benötigte Format«[9] erreichen. Der seit 2000 als Kunsthausdirektor amtierende Christoph Becker teilte diese Sichtweise. Als er 2001 von derselben Zeitung gefragt wurde, ob es zu seinen Zielen gehöre, »die Sammlung Bührle aus ihrem Dornröschenschlaf zu erwecken«, betonte er deren gegenwärtige Unterbringung in einem dafür ungeeigneten Privathaus und signalisierte Interesse für ein mögliches Zusammenkommen.[10] Anfang 2003 trat Becker dem Bührle-Stiftungsrat bei.[11] Lukas Gloor schließlich, wie Becker ein eher konservativer Kunsthistoriker, übernahm 2002 die operative Leitung der Bührle-Stiftung, professionalisierte sie und löste sie an entscheidenden Punkten aus ihrer familiären Umklammerung. Seit 2012 gehört er zum

Vorstand der Zürcher Kunstgesellschaft.[12] Damit waren die schon zuvor bestehenden Verbindungen zwischen dem mächtigsten Kulturverein Zürichs und der wertvollsten privaten Kunstsammlung im Land enger geschnürt als je zuvor.

Die Bewirtschaftung der Sammlung im Privatmuseum verschlang Unsummen. Dabei waren die Erwartungen einst hoch gewesen – man werde es künftig in einem Atemzug mit dem Landesmuseum, dem Museum Rietberg und dem Kunsthaus nennen, gab sich die *Neue Zürcher Zeitung* anlässlich seiner Eröffnung 1960 überzeugt. Hier habe sich der Besucher nicht nur »mit den bedeutenden Werken, sondern auch mit der Sammlerpersönlichkeit, die sie zusammengestellt hat, stets auseinanderzusetzen«. Das Museum sei für Zürich ein »Zuwachs an Geistesgütern, wie er schöner nicht gedacht werden kann, ein Hort des grossen Massstabs gewissermassen, wie er für den Bewohner des Kleinstaats in doppeltem Grade unerlässlich ist. Für den Ausländer ein weiterer Beleg dafür, dass die Schweiz ihren Wohlstand mit Würde zu bestehen sucht, indem sie aus den materiellen Möglichkeiten eine geistig-künstlerische Verpflichtung ableitet.«[13]

Die Euphorie ebbte bald ab. Bis 1964 hatte Bührles Werkzeugmaschinenfabrik Oerlikon für eine ausgeglichene Finanzierung der Stiftung gesorgt. Mit der Umwandlung des Familienbetriebs in eine Publikumsgesellschaft, vorangetrieben durch Bührles wenig kunstaffinen Sohn Dieter Bührle, versiegte diese Geldquelle.[14]

Bisher war die Sammlungspflege gänzlich der Familie überlassen, die zu den reichsten des Landes zählt. Für eine Unternehmerfamilie aber konnte das stete Einschießen von hohen Finanzmitteln keine dauerhafte Lösung sein. Mit der hauptsächlichen Einnahmequelle, den Museumseintritten, ließ sich keine ausgeglichene Rechnung erzielen. Um die fünftausend Besucherinnen und Besucher – mitgerechnet sind Schulklassen und Gruppen – fanden jährlich den Weg in die Museumsvilla. 1999, einem Jahr mit außerordentlich hohem Publikumsaufkommen, wurden rund neuntausend Eintritte gezählt.[15] Damit waren kaum die Personalkosten zu decken. Weitere Mittel flossen der Stiftung durch gelegentliche Gemäldeverkäufe zu. 1960 waren zu diesem Zweck 27 Objekte bestimmt worden, fast alle wurden in den ersten Jahren nach der Stiftungsgründung veräußert.[16] Die Bührle-Stiftung und mit ihr der Museumsbetrieb blieben aber defizitär.

Den bescheidenen Einnahmen standen enorme Aufwendungen gegenüber, sichtbare und unsichtbare. Sie betrafen zunächst das Museumsgebäude selbst. Für dessen Betrieb musste der zweigeschossige Repräsentationsbau aus dem späten 19. Jahrhundert mit seinen ausladendenden Parkanlagen dem lukrativen Immobilienmarkt entzogen und umgebaut werden. Im historischen Millionärscluster nahe des Zürichsees gelegen, residiert heute auf der anderen Straßenseite etwa die schweizerische Niederlassung der finanzstarken russischen Gazprombank. Zum Kapitalverlust durch Marktentzug kamen die Kosten für den Unterhalt, die Versicherungen und die Sicherheit des Hauses; die Lohnkosten für den Museumsbetrieb wurden bereits genannt. Später fielen umfangreiche Arbeiten zur Erforschung der Herkunft und Katalogisierung der Sammlungsobjekte sowie Aufwendungen für juristische Auseinandersetzungen an. Immer wieder schlugen auch kostspielige Restaurationsaufwendungen für Sammlungsobjekte zu Buche, die an einem dafür wenig geeigneten Ort aufbewahrt wurden. Davon zeugt ein hartnäckiger Schimmelbefall im Museumstreppenhaus, der umfassende Renovationsarbeiten und den Einbau einer neuen Heizungsanlage erforderte. Die Kosten von 300 000 Schweizer Franken mussten 1977 von der Familie Bührle-Anda übernommen werden.[17] Auf weitergehende Investitionen – Experten empfahlen eine Klimatisierung der Räume und das Einsetzen von Doppelverglasungen – musste damals aus finanziellen Gründen vorerst verzichtet werden; zudem reduzierte man aus Spargründen die nächtliche Bewachung. Für kleinere Aufwendungen, etwa die Ersetzung einer verwitterten Tafel beim Galerieneingang, sprangen die Nachkommen des Sammlers ein.[18] Aber selbst werterhaltende Gemälderestaurationen wurden zum finanziellen Problem für die Stiftung: »Frau Anda tritt eher für Zurückhaltung ein hinsichtlichlich Restaurationen.«[19]

Wie hoch die Verluste insgesamt waren, lässt sich nicht beziffern, da nur wenige Zahlen öffentlich zugänglich sind. Im Jahr 1999 – für die Stiftung gilt es wegen der hohen Besucherzahl und eines lukrativen Gemäldeverkaufs als besonders erfolgreich – belief sich der Verlust auf 50 000 Franken, 2007 lag er bei 211 077 Franken.[20] Mit den Geldern des Gemäldeverkaufs von 1999 wurde aber nicht etwa das aktive Stiftungsvermögen vergrößert, um damit notwendige Investitionen zu tätigen, sondern es wurden neue Kunstobjekte beschafft. Immer wieder prüfte der Stiftungsrat darum neue Einkommensquellen. So richtete man das Augenmerk auf eine mögliche Veräußerung der Reproduktionsrechte der Werke oder eine Fundraising-Tour durch Japan, die nach langer Planung 2017 in Form einer Werkschau durchgeführt wurde.[21] Mittel in unbekannter Höhe erhielt die Stiftung auch von der Privatbank IHAG (Industrie- und Handelsbank AG), die Emil G. Bührle 1949 gegründet hatte.[22] Sie ist heute Teil einer von der Familie Bührle-Anda gehaltenen Holdinggesellschaft, womit sich auch diese Mittel letztlich aus derselben Quelle speisten – dem Familienvermögen.

Eine »gute Propagandawirkung für die Sammlung«

Hätte Emil G. Bührle länger gelebt oder ein Testament hinterlassen, wären seine Kunstobjekte wohl direkt im Kunsthaus gelandet, statt einen kostspieligen Umweg über ein Privatmuseum zu nehmen. Denn die Verbindung zwischen ihm und der größten städtischen Kulturinstitution hätte enger kaum sein können. Schon früh bespielte er sie mit seinen Geschenken in Form wertvoller Gemälde oder etwa mit dem Abguss von Auguste Rodins »Höllentor«, den die wegen ihrer Prunksucht als »Goldfasan« verspottete Nazigröße Hermann Göring eigentlich für das in Linz geplante »Führermuseum« bestellt hatte. Der Bronzeguss landete letzten Endes aber in Bührles Sammlung. Wie ein symbolischer Nebeneingang ruht dieser schwarzglänzende Koloss heute vor dem Kunsthaus.[23] Selbst über seinen Tod hinaus lenkte Bührle die Entwicklung des Hauses, das in seiner jetzigen Form ohne ihn und sein riesiges Vermögen nicht existierte. So hatte er den 1958 eröffneten Anbau aus eigener Tasche finanziert und das Bauprojekt bis zu seinem überraschenden Tod 1956 begleitet. Erst damit wurde aus dem Museum von regionaler Größe eine Institution von nationaler Bedeutung.

Über zwanzig Jahre bestanden also zwei Kunstmuseen in Zürich, die es ohne die exorbitanten Kriegsprofite des Bührleclans nicht gegeben hätte.[24] Geschickt hatte dieser über Jahrzehnte die Standortvorteile des neutralen Landes für sich zu nutzen gewusst. Bis zum November 1968. Damals wurde publik, dass die Oerlikon-Bührle AG, wie das Rüstungsunternehmen zu diesem Zeitpunkt hieß, seit Jahren illegal Waffen in Länder lieferte, die mit einem Embargo belegt waren, darunter Nigeria, Südafrika, Saudi-Arabien, Ägypten, Israel und Libanon. Nun wurde die lange Zeit weitgehend als selbstverständlich geltende Verknüpfung zwischen Rüstungsexporten und Kunstsammlung zum Problem.

1970 ereilten Dieter Bührle die rechtlichen Konsequenzen, denen sein Vater Emil G. Bührle dank seiner exzellenten Kontakte stets entgangen war. Er wurde wegen illegaler Waffenexporte zu acht Monaten Haft bedingt und einer Buße von 200 000 Schweizer Franken verurteilt. Zudem musste er – ein in der Schweiz einmaliger Vorgang – als Oberst den Generalstab verlassen. Die »Bührle-Affäre«[25] schlug über Jahre hohe Wellen und führte zu einer Volksabstimmung, die ein komplettes Waffenausfuhrverbot forderte. Beinahe wäre es 1972 angenommen worden; unerwartete 49,7 Prozent der Stimmbürgerinnen und Stimmbürger legten an der Urne ein Ja zur sehr weitgehenden Vorlage ein. Als Folge traten im Jahr danach Ausfuhrrestriktionen für Kriegsmaterial in Kraft, wie sie in diesem Ausmaß noch nicht bekannt waren. Diese Vorgänge belasteten den Name Bührle in der Öffentlichkeit wie nie zuvor (wie stark, wird im dritten Kapitel gezeigt). Auch die anhaltend engen Kontakte Dieter Bührles zum südafrikanischen Apartheidregime schadeten dem Image der Sammlung.

Undenkbar für die Stadt Zürich und ihr Kunsthaus, sich im Klima der »langen« sechziger Jahre[26] mit der Bührle-Sammlung zu vermählen. Die Sammlung hatte ihr symbolisches Kapital weitgehend eingebüßt. Sie war im defizitären Privatmuseum blockiert. Resigniert erklärte Stiftungspräsidentin Hortense Anda-Bührle[27]

1976 angesichts der hohen Bewirtschaftungskosten, eine Verlegung der Sammlung könne »für die nahe Zukunft kaum mehr in Erwägung gezogen«[28] werden.

Die finanziellen Belastungen verschwanden nicht, die Besucherzahlen stagnierten, auf einem für ein Privatmuseum zwar respektablen, aber doch gänzlich unrentablen Niveau. So ging die Stiftung schrittweise dazu über, ihre Sammlungsbestände wenigstens zur Entlastung des Namens Bührle zu nutzen. Vermehrt stimmte man Anfragen anderer Museen wegen Leihgaben zu, nachdem solche zuvor meist abgewiesen worden waren. 1986 erklärte Hortense Anda-Bührle, Leihgesuchen werde künftig öfter entsprochen, denn man müsse »diese Angelegenheit im Lichte der Propaganda für die Sammlung sehen«. Zudem wurden Gesamtschauen ihrer »Meisterwerke« in den USA ins Auge gefasst, um nicht bloß eine »gute Propaganda-Wirkung für die Sammlung«, sondern auch »gute Einnahmen zugunsten der Stiftung«[29] zu erzielen. Die vermehrte öffentliche Präsentation generierte neue Mittel, steigerte den Wert der Sammlung und machte zugleich Werbung für den angeschlagenen Namen Bührle.

Vorerst gelang es der Stiftung allerdings nicht, der Kritik am Waffenfabrikanten Bührle und seiner Sammlung etwas entgegenzusetzen. Als eigentliche Zäsur erwies sich eine Ausstellung in Washington, D.C. Sie rief 1990 – das Tauwetter nach dem Kalten Krieg hatte eingesetzt – unerwartet heftige Reaktionen hervor. Ein viel beachteter Artikel in der *New York Times* fragte empört, warum die Bührle-Sammlung überhaupt noch gezeigt werde.[30] Kunstwerke mit unklarer Herkunft, zusammengekauft von einem Mann, der im Auftrag des nationalsozialistischen Deutschlands Kriegsgerät produziert hatte, und all das in der angeblich neutralen Schweiz? Nun war der Ton gesetzt. Immer wieder wurde in den kommenden Jahren nicht mehr nur der Waffenfabrikant Bührle, sondern auch dessen Kunstsammlung selbst kritisiert. Der in Zürich gehortete Gemäldeschatz würde die Schatten aus dem Zweiten Weltkrieg nicht so schnell loswerden.

Auch im Kunsthaus wehte seit Längerem ein neuer Wind. 1975 hatte man den »Bührle-Saal« im Anbau umgetauft; bis ins Jahr 2000 hieß er dann nüchtern »Großer Ausstellungssaal«. Erst in der Ära von Kunsthausdirektor Christoph Becker wurde er wieder nach dem Mäzen benannt.[31]

Die Sammlungspolitik, durch Leihgaben Imagepflege zu betreiben, wurde bis in die jüngste Vergangenheit fortgesetzt. 2016 stellte das Pariser Musée Maillol ein Leihgesuch für das Gemälde »Sultane« von Édouard Manet, dessen Herkunft besonders umstritten war. Es war den Ausstellungsmachern gelungen, ein *arrêté d'insaisissabilité* vom französischen Staat zu erwirken, also die Garantie, dass das Bild während der Ausstellung nicht beschlagnahmt werde, obschon es eine offene Restitutionsforderung gab, weil das Bild seit 2004 in der Datenbank für Raubkunst des Deutschen Zentrums Kulturgutverluste geführt wird. Hinter diesem juristischen Schild bot sich die Gelegenheit für die Stiftung, das Manet-Bild in Paris auszustellen – dort, wo es 1937 vom Kunsthändler Paul Rosenberg erstanden worden war, der es dann 1953 an Emil G. Bührle weiterverkaufte. Vor 1937 gehörte das »Sultane«-Gemälde dem jüdischen Breslauer Unternehmer Max Silberberg, der es unter dem Verfolgungsdruck durch die Nationalsozialisten verkaufen musste. Silberberg kam 1942 im Ghetto von Theresienstadt oder im Konzentrationslager Auschwitz zu Tode.[32] Die Bührle-Stiftung behauptet ihrerseits, der Verkauf von 1937 sei aus rein wirtschaftlichen Gründen erfolgt und habe nichts mit der Verfolgung von Max Silberberg durch die Nazis zu tun. Um dieser Version Glaubwürdigkeit zu verleihen, habe die Stiftung »ein erhebliches Interesse daran«, dass das Bild in Paris ausgestellt werde; man wolle damit »den Gerüchten«, es handle sich um NS-Raubkunst, entgegentreten.[33]

Die Sammlung als Ganzes ist nicht versicherbar. Wenn Objekte aber als Leihgaben in Ausstellungen anderer Museen gezeigt werden, müssen sie versichert werden. Dafür muss man ihren Wert kennen. Für das Gemälde »Sultane« lagen zwei Schätzungen von Auktionshäusern vor, eine auf 36 Millionen Franken von Christie's aus dem Jahr 2012 und eine von Sotheby's auf zwölf Millionen Franken von 2015. Die Stiftung folgte zunächst der Christie's-Schätzung, obschon sie diese als etwas zu hoch ansah, und versicherte »Sultane« für Ausstellungen im Kunsthaus Zürich (2017) und in Japan (2018) jeweils auf 36 Millionen Franken. Für die Ausstellung in Paris hingegen wurde der Versicherungswert auf 24 Millionen gesenkt, da die Prämie, die jeweils vom ausstellenden Museum übernommen werden muss, die finanziellen Mittel des Musée Maillol überstieg. Um das Gemälde in Paris zeigen und damit das eigene Narrativ plausibel machen zu können, war die Bührle-Stiftung also bereit, ein hohes finanzielles Risiko im Falle eines Verlusts einzugehen. Christoph Becker, im Zwiespalt zwischen seiner Rolle als Kunsthausdirektor und der als Bührle-Stiftungsratsmitglied, unterstützte dieses Vorgehen, »bei dem Versicherungswerte in gewissem Ausmaß situativ und variabel gehandhabt werden«. »Dort, wo die Stiftung mit einer Ausstellung eigene Interessen verbindet, muss sie die Werte entsprechend anpassen können.« Wichtig sei, so Becker, »dass die Festsetzung der Werte sehr diskret behandelt wird und dass Außenstehende davon keine Kenntnis erhalten«.[34]

Die Sache war politisch durchaus brisant. Für das großzügig von der öffentlichen Hand subventionierte Kunsthaus befürwortete Becker die Versicherung zum Maximalwert, mit entsprechend hohen, von der von ihm geleiteten Institution zu bezahlenden Prämien. Im Rahmen einer Imagekampagne für die Bührle-Stiftung hingegen sprach er sich als Stiftungsratsmitglied für eine riskante Unterversicherung des unter dringendem Raubkunstverdacht stehenden Gemäldes aus.

Die Politik des Standorts

Ein Spaziergang beendete die Blockade, in der die Sammlung steckte. Am 5. Juli 2001 bewegte sich, von niemandem weiter beachtet, ein vierköpfiges Expertengremium durch das Hochschulquartier, Professor Gerhard Schmitt, Vizepräsident für Planung und Logistik der ETH Zürich, Universitätsrektor Professor Hans Weder, der Präsident des Amts für Städtebau Franz Eberhard und Kantonsbaumeister Stefan Bitterli. Es ging um eine erste Bestandsaufnahme. Ihre Überlegungen und Eindrücke hielten die vier Herren in Leitsätzen fest. »Zum Weltstadtflair der Wirtschaftsmetropole tragen wesentlich die urbanen, identitätsstiftenden Stadtquartiere an attraktiver Lage und die Aufbruchstimmung in Kultur, Wirtschaft und Wissenschaft bei«,[35] lautete das wichtigste, richtungweisende Credo. Das kleinräumige Hochschulgebiet zwischen Altstadt und Zürichberg sahen die Männer als ein solches Quartier, hier konzentriere sich »international das größte Potenzial an Wissenswirtschaft«. Gemeint ist der Raum um die Hauptgebäude der ETH, der Universität Zürich, des Universitätsspitals sowie der damals noch an der Rämistraße lokalisierten Pädagogischen Hochschule. Diese »für die Prosperität unseres Landes zentralen Einrichtungen« sollten gefördert und »ihre Stellung und ihr Potential« überprüft werden. Die Experten stellten fest, es bestehe Handlungsbedarf.

Die Verkehrssituation bereitete der Stadt seit Jahren Sorgen. Die Rämistraße, das schmale Rückgrat des

Quartiers, hatte zusehends Mühe, den rasant angewachsenen Verkehr zu fassen. Platznot herrschte – und herrscht bis heute – auch an den beiden Hochschulen und am Universitätsspital. Hier müsse unbedingt rechtzeitig Raum geschaffen werden, waren sich die Experten einig, denn die Hochschulen seien nicht bloß für die Stadt Zürich, sondern fürs ganze Land von großer Wichtigkeit – die Universität als größtes nationales Zentrum der Rechts- und Geisteswissenschaften, die ETH, weil sie regelmäßig Spitzenplätze in den internationalen Hochschulrankings belegt und als stärkster Motor des Wissenschaftsstandorts Schweiz gilt, und schließlich das Universitätsspital als ein nationales Zentrum für Spitzenmedizin.

Diese drei Institutionen stünden in »permanenter Konkurrenz« zu den entsprechenden Institutionen im In- und Ausland. Aus städtebaulicher, betrieblicher wie wirtschaftlicher Sicht seien hier »grossmassstäbliche Interventionen« gefragt. Nur so könne die Zukunft des Hochschulstandorts gesichert werden. Dazu sollte die in zahllose Villen und provisorische Bauten zersplitterte, historisch gewachsene Streulage der Hochschulen und des Universitätsspitals überwunden und für die Anforderungen der Zukunft umgestaltet werden.

Um dies zu erreichen, hätte man das Gebiet auch funktional entflechten und die beiden Hochschulen nach Zürich-West verlagern können, wo heute auf ehemaligen Industriearealen in Mischnutzung die »Stadt der Zukunft«[36] entsteht. Doch man entschied sich dagegen. Auf dem bereits stark verdichteten Hochschulareal müsse ein »City Campus«[37] verwirklicht werden; die dafür benötigten Raumreserven würden sich finden lassen.[38]

Die Stadtplaner sahen das Hochschulgebiet insgesamt als einen zusammenhängenden städtischen Raum, in dem nicht bloß Werte erzeugt werden, sondern der auch für eine besondere Identität stehe. Schon die Lage des etwas erhöht gelegenen Hochschulquartiers könne besser kaum sein. Von beinahe jedem zentral gelegenen Punkt in Zürich ist die Stadtkrone zu sehen, wie die beiden Hauptgebäude von ETH und Universität mit ihren Kuppeln auch genannt werden. Ein fürs Standortmarketing überaus geeignetes Markenzeichen – man setzte auf das mit Geschichte angereicherte Quartier, in dem eine »kulturelle Atmosphäre« bestehe, die »unverwechselbar ist und eine breite Öffentlichkeit anspricht«.[39]

Die stadtplanerische Perspektive der vier Behörden- und Institutionenvertreter erfasste deshalb nicht nur die universitären Flagschiffe. Der ganze Raum sollte als Wissens-, Kultur- und Gesundheitscluster[40] neu geordnet und aufgewertet werden. Dicht an dicht reihen sich hier Institutionen an Orte, die mit Geschichte aufgeladen sind. Das nahe gelegene Cabaret Voltaire etwa, Geburtsstätte des Dadaismus. Oder das unscheinbare Haus an der Spiegelgasse 14, wo Lenin zwei langweilige Exiljahre lang lebte, ehe er sich 1917 im plombierten Eisenbahnwaggon in die Russische Revolution verabschiedete. Nicht weit davon befinden sich das Schweizerische Sozialarchiv – kein anderes europäisches Archiv der Arbeiterbewegung hat eine längere, von keinem Krieg unterbrochene Tradition – und die Zentralbibliothek mit ihrem gigantischen unterirdischen Bücherbauch.[41] Gleich um die Ecke, in der Froschaugasse, wurde 1530 die Bibelübersetzung des Reformators Huldrych Zwingli gedruckt, fast genau an derselben Stelle, wo sich auch die erste Synagoge der Stadt befand, ehe 1349 ein Pogrom das jüdische Zürich für Jahrhunderte auslöschte. Keinen halben Steinwurf entfernt wiederum hatte sich bis zum Ende des Kalten Kriegs das Schaltzentrum der Kommunisten Amalie und Theo Pinkus-De Sassi befunden, die von hier Bücher in die Welt pumpten, um diese zu verändern.[42] Die Liegenschaft, in den späten fünfziger Jahren spottbillig erworben, ist heute wie alle anderen hier Millionen wert.

Gegen Ende ihrer Begehung besuchte die Expertengruppe noch den Heimplatz, auf halbem Weg zwischen Hochschulen und Zürichsee gelegen. Auf der Stirnseite des vom Verkehr zerschnittenen Platzes steht das Schauspielhaus. Vor langer Zeit hatte es mit seinen Uraufführungen von Bertolt Brecht, Friedrich Dürrenmatt oder Max Frisch eine Ausstrahlung weit über die Landesgrenzen hinaus. Auf einer Längsseite des Platzes befindet sich das Kunsthaus. Diese beiden Kulturinstitutionen wurden ebenfalls vom Kräftefeld des städtebaulichen Projekts erfasst. Sie trügen zum »Image des Hochschulstandortes« bei, dienten der »Erholungsqualität« und seien zur »Bildungsmeile vom Bellevue bis zur ETH« aufzuwerten. Ihre Bekanntheit müsse gesteigert werden, so der Bericht. Dazu benötige das Kunsthaus zwingend einen Erweiterungsbau.[43] Am Heimplatz endete der Expertenspaziergang.

Das Kunsthaus auf dem Kunstmarkt

Die Planungsphase für das Aufwertungsprojekt nahm ihren Anfang. Zu keinem Zeitpunkt war die Sammlung Bührle im Fokus der Städteplaner – und doch beginnt in diesem Moment ihre Transformation.

In den Jahren zwischen 2001 und 2005 rückten drei Faktoren näher zusammen, erstens die alles andere überwölbende Planungsentwicklung, die Leitbilder und Strategien für ihr Standortprojekt formulierte, zweitens das Kunsthaus, das die Sondierung der Finanzierbarkeit eines enorm kostspieligen Neubaus vorantrieb, und drittens – abseits der Öffentlichkeit – die sich intensivierenden Verhandlungen zwischen der Bührle-Stiftung und der Zürcher Kunstgesellschaft, die unter der neuen Führung von Walter Kielholz erkannte, dass nun der Zeitpunkt für die Sammlungsverschiebung gekommen war. Über ein mögliches Zusammengehen war zwar immer wieder spekuliert worden, offiziell aber hielt man sich bedeckt. Der Kunsthausneubau und die Zukunft der Bührle-Sammlung schienen zwei voneinander unabhängige Themen von unterschiedlicher Wichtigkeit zu sein – hier das städtische Kunstmuseum, dort eine private Kunstsammlung, der ein langsames Abgleiten in die Unsichtbarkeit drohte. Seit vierzig Jahren werde sie in einem Rahmen präsentiert, der ihrem Wert nicht entspreche, wie Lukas Gloor, Kurator und Direktor der Bührle-Stiftung, 2005 monierte.[44] In dieser ersten Phase der Entwicklung des Standortprojekts reiste die Sammlung Bührle als blinder Passagier mit.

Im Zentrum der Debatten standen die räumlichen Gegebenheiten am Heimplatz. Sie reichten schon lange nicht mehr aus, um das Kunsthaus konkurrenzfähig zu halten. Stadt und Kanton Zürich übernehmen zwar mehr als die Hälfte des jährlichen Betriebsaufwands von rund zwanzig Millionen Franken.[45] Die Wertsteigerungsspirale im globalen Kunstmarkt schlägt jedoch auch auf die subventionierten Museen durch. Längst sind sie – gerade diejenigen, die auf publikumswirksame Kunst setzen – nicht mehr in der Lage, ihre Sammlungen aus eigenen Mitteln zu erweitern.[46] Superreiche Sammler und finanzkräftige Kunsthändler haben den öffentlichen Institutionen das Wasser abgegraben.

Museen stehen in starker Konkurrenz zueinander und spielen auf diese Weise eine wichtige Rolle im Standortwettbewerb. Auch staatliche und halbstaatliche Museen müssen sich auf dem Markt behaupten. Will eine solche Institution wachsen, ist die Richtung vorgegeben: Für Wechselausstellungen muss sie vorübergehende, für Dauerausstellungen langfristige

Kooperationen mit privaten Sammlungen eingehen.[47] Doch die hohen Preise auf den Kunstmärkten treiben die Versicherungsprämien in die Höhe. Als sich die Bührle-Stiftung 2008 nach einem Raubüberfall an den Berliner Versicherungsmakler Kuhn & Bülow wandte, offerierte ihr dieser den maximalen Versicherungswert von fünfzig Millionen für 43 000 Schweizer Franken im Jahr.[48] In Basel, dem Kunst-Hotspot der Schweiz, addieren sich solche Prämien jährlich zu Millionenbeträgen.[49] Damit werden Wechselausstellungen zu Verlustgeschäften. Das Regime der Sichtbarkeit von Kunst – ihre Popularität, aber auch die ihr zugeschriebene Bedeutung – wiederum wirkt preissteigernd. Eine Entwicklung, deren Konsequenzen unabsehbar sind, solange der Staat nicht wenigstens die Schnittstellen zwischen dem auf maximalen Profit setzenden Kunstmarkt und mit öffentlichen Geldern massiv unterstützten Kunstmuseen reguliert.

Insgesamt sind es in der Schweiz etwas über 73 Millionen Objekte, die permanent ausgestellt werden, in Orts- und Firmenmuseen, in Universitätssammlungen oder in städtischen, kantonalen oder nationalen Museen.[50] Ein Großteil der Objekte zirkuliert innerhalb dieser Institutionen in Form von temporären Leihgaben. Den eigentlichen Stock eines Museums aber bilden die historisch gewachsenen Eigenbestände sowie langfristig angeschlossene Depots, wie man Dauerleihgaben auch nennt. Die Eigentumsverhältnisse werden damit nicht berührt – die Museen stellen die Infrastruktur zur

Bewirtschaftung der Kunstobjekte zur Verfügung, also kunsthistorische Expertise, Werbung, Zirkulation, optimale Konservierung und Sicherheit. Die Objekte bleiben aber Eigentum der Leihgeber. Bis heute ist gut die Hälfte der 1129 Schweizer Museen solche Verbindungen mit privaten Sammlern eingegangen.

Wer glaubt, Museen seien in Zeiten der Digitalisierung dem baldigen Untergang geweiht, irrt sich. Allein zwischen 2015 und 2019 – dem letzten Jahr vor Covid-19 – ist die Zahl der Eintritte schweizweit von 12 auf 14,2 Millionen gewachsen. Etwas über drei Millionen davon entfielen auf die Kunstmuseen, den nach den Naturkundemuseen zweitbeliebtesten Typ. Es ist ein Boom, von dem das Kunsthaus Zürich bisher nicht profitieren konnte. Wurden 2010 noch rund 420 000 Eintritte verzeichnet, waren es 2019 nur noch 270 000.[51] Mit der Inbetriebnahme des Neubaus soll diese Zahl auf 400 000 gesteigert werden. Dafür sorgen sollen insbesondere die hundertfünfzig Werke aus der Sammlung Bührle. Mit ihnen werde Zürich gleich hinter Paris zur zweiten europäischen Adresse für die Malerei des Impressionismus und Postimpressionismus aufsteigen – das sei ein »Quantensprung«.[52]

Das Zeigen von Kunst im öffentlichen Raum ist ein Geschäft wie jedes andere auch. Zahlen und Rankings funktionieren als Marketinginstrumente im harten Konkurrenzkampf. Einer Konkurrenz, die hier allerdings nicht zwischen Zürich und Paris, sondern zwischen Zürich und Basel besteht. Das dortige, kürzlich ebenfalls durch einen spektakulären Neubau aufgewertete Kunstmuseum hatte auf dem Gebiet des Impressionismus hierzulande bislang die Nase vorn.[53]

Kein anderes Depot dürfte von solcher Bedeutung für seinen Standort sein wie die Sammlung Bührle für Zürich und sein Kunsthaus. Dessen mit Ausnahme der siebziger und achtziger Jahre hauptsächlich konservative und marktkonforme Sammlungspolitik und Sammlungsgeschichte ließe sich mit Bührles Kunstobjekten optimal weiterführen.[54] Das etwas angejahrte, aber noch populäre Genre des französischen Impressionismus und der anbrechenden Moderne bildete die potente Schnittstelle, um den bestehenden Eigenkatalog mit der auf diesem Gebiet besonders starken Bührle-Sammlung zu koppeln. Zudem könnte man über seine Gemälde und deren symbolisches Kapital dringend benötigte Geldgeber finden, denn die Kosten für den Neubau waren nur zum Teil aus öffentlichen Mitteln zu finanzieren. Oder wie es Walter Kielholz, Präsident der Zürcher Kunstgesellschaft, in einem Interview ausdrückte: »Wir wissen [...], dass wir das Museum von innen nach außen bauen wollen.«[55] Verschiedene wichtige Sammlungen in und um Zürich waren auf der Suche nach einer neuen Heimat. »Wir können sie nur an uns binden, wenn wir ihnen ein spannendes Angebot machen«, führte der damalige Stadtpräsident Elmar Ledergerber im selben Interview 2005 aus.

Pointiert könnte man sagen: Man baute für die Sammlung Bührle. Nur sie konnte die Rolle als Zugpferd übernehmen. Wie hoch der Beitrag der Spenderfamilie an den Neubau gewesen ist, wird nicht offengelegt.[56] Auch die Höhe der anderen Zuwendungen von Stiftungen[57], Firmen und Privaten ist ein sorgsam gehütetes Geheimnis.

Die Aufwertung der Sammlung

Nun mussten nur noch die Statuten der Bührle-Stiftung angepasst werden, um die Sammlung verwertbar zu machen. Dazu wurde 2010 ihre juristische Kodierung modifiziert, um sie – entgegen den ursprünglichen Bestimmungen – aus der familiären Umklammerung lösen zu können. Die Juristen der Bührle-Stiftung bauten eine neue Klausel ein, mittels deren sich von nun an eine nicht näher bezeichnete öffentliche Institution auf befristete Zeit um die Obhut der Sammlung kümmern dürfe.[58]

Bevor es so weit war, hatte der internationale Unternehmensberater McKinsey & Company 2001 für den Neubau – übrigens unentgeltlich – eine Machbarkeitsstudie samt Businessplan und Kommunikationskonzept entworfen.[59] Daraufhin waren die ersten Skizzen angepasst worden – oder »optimiert«, wie es in der damals noch neuen Sprache des New Public Management hieß. So wurde das Standortprojekt von Anfang an und bis in seine kapillaren Verästelungen hinein gemäß den Verfahrensgrundsätzen dieser in den USA entwickelten und in der Schweiz vergleichsweise früh etablierten Verwaltungsreform angelegt. *Create a clear sense of mission* (schaffe eine klare Botschaft) und *steer more, row less* (steuere mehr, rudere weniger), lauten die beiden wichtigsten Leitsätze dieses mittlerweile fest verankerten politischen Konzepts.[60] Vereinfacht gesagt, regelt das New Public Management das Zusammenspiel zwischen Politik und Verwaltung, indem klare Vorgaben gemacht werden, für deren Umsetzung aber Flexibilität gleichermaßen gefordert wie ermöglicht wird. Die Politik setzt das Ziel *(outcome)* und bewilligt die Ressourcen; der Verwaltung obliegt die Umsetzung *(output)*. Dies soll für möglichst hohe Effizienz sorgen, indem die schwerfällige Politik sich auf das Controlling konzentriert und die wettbewerbsorientierte Umsetzung so weit als möglich den jeweiligen Expertinnen und Experten überlässt. In dieses Verfahren sollte später auch das an der Universität Zürich angesiedelte Projekt, das den historischen Entstehungskontext der Sammlung Bührle erforschte, eingebettet werden.

In der Ökonomisierung des öffentlichen Raums spielt seit den neunziger Jahren das kulturelle Feld eine zentrale Rolle.[61] Das lässt sich auch an Zürich, einer relativ jungen *global city*,[62] beobachten. Die *headquarter economy*,[63] also der globale Wettbewerb um das Anlocken von unternehmerischem Flagship-Kapital, kennt viele Bühnen. Eine davon ist das dicht bebaute Stadtinnere. Hier gilt es, verwertbaren Raum zu schaffen, wo vorher keiner war. Dabei hat man sich beinahe daran gewöhnt, raum- und ortlos zu denken. Städte, Regionen, Länder – sie alle scheinen als reale Orte keine Rolle mehr zu spielen. Digitalisierung und Globalisierung haben, so einer der gängigsten Mythen der hypermobilen Workspace-Ökonomie, Wirtschaft und Raum voneinander entkoppelt. Home-Office und *smart working* heißen die neuen Zauberwörter. Doch für den »real existierenden Neoliberalismus«[64] ist das materielle, territoriale Vorhandensein von geografischem Raum von zentraler Bedeutung. Nirgends manifestiert sich die herrschende Wirtschaftsordnung darum so deutlich wie in den Städten und den ihnen angedockten Peripherien, in globalem wie regionalem Maßstab.[65]

Der Kunsthauserweiterungsbau wurde vom Stadtrat 2005 zum Legislaturziel erklärt. Daraufhin trat die Kunstgesellschaft an die Medien und erklärte, die Sammlung Bührle sei bereit, ihre Werke künftig in einem »erweiterten Kunsthaus«[66] zu präsentieren. Die Museumslandschaft sei noch »nicht gebaut«,[67] wie der sozialdemokratische Stadtpräsident Elmar Ledergerber euphorisch verkündete mit Bezug auf ein Zitat, das in Zürich ein geflügeltes Wort ist: »Die Stadt ist gebaut. Sie muss nicht neu-, sondern umgebaut werden«,[68] hatte 1988 die streitbare und ebenfalls sozialdemokratische Vorsteherin des Hochbaudepartements Ursula Koch erklärt.

Spätestens ab diesem Zeitpunkt waren die Prozesse unumkehrbar. Die partikulare Sicht des Kunsthauses ging vollends in der städtebaulichen Vision auf. Und der

Transfer der Sammlung Bührle war damit fester, wenn auch noch unsichtbarer Bestandteil des Projekts. Von nun an führte kein Weg mehr an ihr vorbei.

Es hieß jetzt, die finanziellen Mittel im dreistelligen Millionenbereich aufzubringen. Das Bauland im Wert von fünfzehn Millionen Franken gab der Kanton Zürich als Eigentümer im August 2007 frei. Die Stadt zog nach und sprach Gelder für einen Architekturwettbewerb. Die Zürcher Kunstgesellschaft wiederum erklärte im selben Jahr, die Hälfte der Baukosten – sie wurden zu jenem Zeitpunkt noch auf hundertfünfzig Millionen Franken geschätzt – privat beschaffen zu wollen, um ein »Museum an der internationalen Spitze«[69] zu realisieren. Im Jahr darauf gewann das namhafte Büro von David Chipperfield Architects die Ausschreibung und fügte dem Projekt einen klingenden Namen hinzu.

Damit war es an der Zeit, die Öffentlichkeit einzubeziehen. Sechstausend Besucherinnen und Besucher schauten sich in einer Ausstellung die Siegerskizze und die von Chipperfield ausgestochenen Bewerbungen an. Mit dem Stararchitekten an Bord war es leichter, das Projekt weiter voranzubringen – es »offener, grüner, besser«[70] werden zu lassen. Dafür wurde der Planungskredit auf achtzehn Millionen Franken aufgestockt. Im Oktober 2010 verkündete die Zürcher Kunstgesellschaft, dass sie 75 Millionen an privaten Geldern beisteuern werde. Die Zielkosten lagen mittlerweile bei 178,8 Millionen, das heißt, es blieben über hundert Millionen, die durch die öffentliche Hand aufgebracht werden mussten. Da entschied sich der Kanton, eine Finanzierungsgarantie über dreißig Millionen zu übernehmen. Über den Rest würde die Stadtzürcher Stimmbevölkerung in einem auf Herbst 2012 anberaumten Urnengang entscheiden.

Ein halbes Jahr vor diesem Datum wurde öffentlich bekräftigt, was schon längst in die Wege geleitet war: Die Sammlung Bührle werde als Dauerleihgabe im Neubau zu sehen sein. Von diesem Moment an rückte die Kommunikation ihrer umstrittenen Geschichte in den Vordergrund. In der an alle Zürcher Haushalte verschickten Abstimmungszeitung wurde der Name Bührle offensiv in die Waagschale geworfen. Es wurde in Superlativen gedacht: »Dank der Zusage der Sammlung E. G. Bührle steigt Zürich zum wichtigsten Standort für den französischen Impressionismus nach Paris auf.«[71]

Den erstaunlichen, zuvor nie anhand konkreter Zahlen diskutierten Wert von Bührles Kunstobjekten hatte 2008 ein spektakulärer Raubüberfall öffentlich gemacht. Vier Gemälde im Wert von 180 Millionen Schweizer Franken waren erbeutet worden. Zum ersten Mal zeigte sich da, wie wertvoll diese Sammlung wirklich war – und wie schlecht ihre Unterbringung im Villenmuseum, das in der Folge seine Türen beinahe frühzeitig hätte schließen müssen.[72] In aller Eile ließ die Stiftung bauliche Maßnahmen zur Erhöhung der Sicherheit vornehmen. Ein Sicherheitsberater empfahl die Anbringung eines Schocklichts zur Abschreckung, Fenster wurden mechanisch verstärkt, eine Sicherheitsschleuse und

Videoüberwachung installiert. Stadtpräsident Elmar Ledergerber versprach, die Einsatzpläne der Patrouillen der Stadtpolizei anzupassen und eine Beteiligung der Stadt an einer bewaffneten Bewachung des Privatmuseums zu prüfen, finanziert durch öffentliche Gelder.[73]

Um die Kunsthauserweiterung realisieren zu können, stand eine letzte Hürde bevor. Am 25. November 2012 konnte die Zürcher Stimmbevölkerung über die Restfinanzierung des Baus befinden. Sie nahm die Vorlage mit einer knappen Zustimmung von 53,8 Prozent an. Das war ein deutlich schwächeres Ergebnis als die über 70 Prozent, die am 24. September 2000 den 27,5 Millionen Franken für die Sanierung des in die Jahre gekommenen Museums und seiner Infrastruktur zugestimmt hatten. Außerdem wurden die jährlichen Betriebskostenzuschüsse um 4,5 Millionen auf 12,7 Millionen Franken aufgestockt. Am 3. August 2015 dann wurden die Bauarbeiten aufgenommen, nachdem eine baurechtliche Einsprache dies zuvor um zwei Jahre verzögert hatte. Im selben Jahr erschien das *Schwarzbuch Bührle*, das einen kritischen Blick auf den Waffenhändler, seine Sammlung und das Kunsthaus Zürich wirft. Als Folge davon vergab die Stadt 2017 einen Forschungsauftrag an die Universität Zürich, der sich allerdings nicht mit Fragen der Objektprovenienzen befassen sollte. 2018 stand die Kunsthauserweiterung im Rohbau.

Wissenschaft im Dienst der Standortpolitik

Spätestens seit der überraschend nur knapp gewonnenen Abstimmung von 2012 drohte die unaufgearbeitete Geschichte der Sammlung Bührle zum Risiko für das Prestigeprojekt zu werden. Seit im selben Jahr die zufällig entdeckte, dubiose Kunstsammlung von Cornelius Gurlitt international Schlagzeilen machte,[74] wurde die Raubkunstproblematik öffentlich so intensiv diskutiert wie nie zuvor. Die Geschichte der Sammlung Bührle musste erzählbar gemacht werden.

Schon zwei Jahre zuvor, am 16. Juni 2010, hatte der Stadtrat von Zürich auf eine parlamentarische Interpellation geantwortet, die kritisch nach den Provenienzen der Objekte fragte – also nach ihrer Herkunft und den Umständen ihrer Erwerbung. Die kurz zuvor im Kunsthaus gezeigte Ausstellung »Van Gogh, Cézanne, Monet. Die Sammlung Bührle« sei ein »Testlauf« gewesen, »flankiert [...] von historischen Angaben zur Entstehungsgeschichte der Sammlung und zur Provenienz der Bilder«, hieß es im Stadtrat.[75] Diese »Maßnahmen« sowie eine Podiumsdiskussion und Sammlungsführungen hätten »einer transparenten Offenlegung der historischen Fakten« gedient.

Ohne eine unabhängige Expertise, abgestützt einzig auf die Forschungsergebnisse der Bührle-Stiftung, erklärte die Stadtregierung damals: »Die Provenienzforschung zu den Werken der Sammlung Bührle ist aktuell auf einem Stand, der jedem von der öffentlichen Hand getragenen Museum gut anstehen würde.« Beide, das Kunsthaus und die Bührle-Stiftung, hätten »kein Interesse daran, Fakten zu verbergen«. Zugleich sagte man, in diesen Fragen sei es nicht Aufgabe der Stadt, selbst tätig zu werden. Es sei sinnlos, »bedeutende Beträge in eine Forschung zu investieren, die aller Voraussicht nach keine zusätzlichen Befunde an den Tag bringen wird«.

Aus Sicht der links-grünen Stadtregierung und der sozialdemokratischen Stadtpräsidentin Corine Mauch – sie hatte sich in ihrer universitären Abschlussarbeit mit der Frage der Wirksamkeit von Marketing als innovativer Strategie von Stadtentwicklung befasst[76] – galt die Geschichte der Sammlung Bührle somit als erforscht. Daran ändern konnten letztlich auch verschiedene parlamentarische Vorstöße von Vertreterinnen und Vertretern der Alternativen Liste, der Grünen und der Sozialdemokratischen Partei nichts, die weiterhin kritische Fragen zur Sammlung Bührle und dem Kunsthausneubau stellten.

Wie wohl das knappe Abstimmungsresultat über den Kunsthausneubau ausgefallen wäre, hätten die Kontroversen um das *Schwarzbuch Bührle* und die daraufhin in Auftrag gegebene universitäre Forschung noch vor dem Urnengang 2012 stattgefunden? Im Spätsommer 2020 machte die *WOZ – Die Wochenzeitung* nämlich publik, dass auf den Forschungsbericht Einfluss genommen wurde.[77] Das war geschehen, obschon die Stadtregierung 2017 versichert hatte, der heikle Bericht werde »ohne Tabus« und im »Geist der selbstbewusste[n] Offenheit« die Entstehungsgeschichte der politisch belasteten Sammlung Bührle historisch kontextualisieren.[78] Das Ziel war allerdings keine ergebnisoffene Forschung, sondern die Schaffung eines für die Verwertung der umstrittenen Sammlung unabdingbaren Narrativs: »Zusätzlich erhält die Präsentation der Sammlung Bührle im Kunsthaus damit einen Mehrwert.«

Um besagten Mehrwert sicherzustellen, schränkte die Politik den Untersuchungsgegenstand von Anfang an ein: »Der Auftrag der Kontextualisierung grenzt sich klar ab vom Thema Provenienzforschung.« Denn aus Sicht der Stadt Zürich waren die Provenienzen ja bereits erforscht – vom Direktor der Bührle-Stiftung selbst, dem Kunsthistoriker Lukas Gloor. Zudem wurde dem universitären Forschungsprojekt ein sogenannter Steuerungsausschuss zur Seite gestellt – ein Instrument, wie es typisch ist für Aufgaben im New Public Management. Entsprechend ist auch der Forschungsauftrag gegliedert: »Ziele«, »Ergebnisse«, »Gestaltungsbereich«, »Meilensteine«, »Kommunikation« – eine Terminologie und ein Verfahren, wie sie in der ergebnisoffenen geschichtswissenschaftlichen Forschung unüblich sind.

Dieser die Forschung überwachende Steuerungsausschuss setzte sich ausschließlich aus Vertreterinnen und Vertretern von Stadt und Kanton Zürich, des Kunsthauses, der Zürcher Kunstgesellschaft sowie der Bührle-Stiftung zusammen – den, wenn man so möchte, Stakeholders also. Folgenlos wurde dies im November

2017 von der Grünen Partei kritisiert.[79] Der Stadtrat gab damals die Versicherung ab, es werde zu keinerlei Einflussnahme kommen, die Projektleitung durch Matthieu Leimgruber, Lehrstuhlinhaber für Wirtschaftsgeschichte, garantiere Unabhängigkeit.[80]

Tatsächlich jedoch legte der Projektleiter im Frühjahr 2020 die noch unpublizierte Studie Mitgliedern des Steuerungsausschusses zur Kommentierung vor – ein Vorgehen, das der eigentlichen Raison d'être unabhängiger Forschung widerspricht, wie später festgestellt wurde.[81] Auf Wunsch insbesondere des Direktors der Bührle-Stiftung, Lukas Gloor, sowie des städtischen Kulturdirektors Peter Haerle veränderte Leimgruber danach einige aus deren Sicht heikle Passagen. Diese Änderungen betrafen zunächst eine antisemitische Äußerung Bührles aus dem Jahr 1940. Der Industrielle hatte sich über eine Karikatur seiner Person im *Nebelspalter*, einer populären Satirezeitschrift, aufgeregt. Der *Nebelspalter* war bekannt für seine antifaschistische und antikommunistische Haltung wie auch für die Tatsache, dass dort jüdische Journalisten und Zeichner arbeiteten.[82] In Rage hatte sich Bührle an das Magazin gewandt. Er empfahl die Lektüre von Oswald Spenglers Kampfschrift *Preußentum und Sozialismus* (1919) und lud das Magazin – in seinem Brief personalisierte er es, sprach es durchgängig mit »Du« an – zu einem Fabrikbesuch ein. »Vielleicht vergeht Dir dann die fratzenhafte jüdische Vorstellung, die Du von einem Industriellen zu haben scheinst.«[83]

Gloor bat Leimgruber, im Forschungsbericht den Vorwurf des Antisemitismus zu streichen, denn damit habe das nichts zu tun. Dieser pflichtete ihm umgehend bei: »Es ist sehr wahrscheinlich, dass ein Misstrauen gegenüber dem Judentum Teil des intellektuellen ›Gepäcks‹ eines Konservativen der Generation Bührle gewesen ist. Nachdem ich aber den Brief an den Nebelspalter nochmals gelesen habe, scheint es mir, dass man nicht von einem ›unverhohlen antisemitischen Ausfall‹ sprechen könne. Das passt ganz einfach nicht in sein persönliches Profil.«[84] Antisemitismus als »Misstrauen gegenüber dem Judentum« – was will das heißen? Antisemitismus soll zudem nicht »ins Profil« des Waffenfabrikanten im Dienst der Nazis, Spengler-Verehrers und früheren Freikorpsangehörigen Bührle passen?

Weiterhin stieß sich die Stiftung am Begriff »Freikorps«. Dabei ist unstrittig, dass Emil G. Bührle als Mitglied des Freiwilligen Landesschützenkorps, auch bekannt als Freikorps Roeder,[85] bis Ende Januar 1919 in Berlin stationiert war. Noch 1954 brüstete er sich öffentlich damit, an der »Niederwerfung der Kommunistenaufstände«[86] beteiligt gewesen zu sein. In einer E-Mail vom 4. März 2020 wandte sich Gloor erneut an die Leitung des Forschungsprojekts: »Ich gestehe Ihnen offen, dass ich mich daran störe, wenn Sie von einer ›ein wenig missbräuchlichen Verwendung‹ des Begriffs Freikorps im Zusammenhang mit Bührle sprechen. Falsche Begriffe kann man nicht ›ein wenig‹ falsch brauchen, sondern man muss vermeiden, sie überhaupt zu brauchen.

[…] Freikorps ist, wie Sie wissen, ein zutiefst belasteter Begriff«.[87]

Wiederum reagierte die Projektleitung im Sinne der Bührle-Stiftung und tilgte den Begriff »Freikorps« aus dem Forschungsbericht. Ersetzt wurde er mit »Ordnungstruppen« – womit die propagandistische Sprachregelung der rechtsextremen Paramilitärs übernommen wurde.

Als diese Texteingriffe im August 2020 bekannt wurden, geriet die Universitätsleitung unter Druck. Sie leitete ein Review-Verfahren ein, das dazu führte, dass einige der vom Projektleiter vorgenommenen Textrevisionen rückgängig gemacht werden mussten. Die Einsetzung eines Steuerungsausschusses sahen die politischen Behörden im Nachhinein als Fehler an. Anders die Universitätsleitung und das Historische Seminar der Universität Zürich: Trotz massiver Kritik in der Öffentlichkeit konnten sie sich nicht zum Eingeständnis durchringen, dass im »Bührle-Debakel«[88] *(Tages-Anzeiger)* die Forschung nicht unabhängig war – »dass in diesem prestigeträchtigen Forschungsprojekt Fehler passiert sind«, wie die *Neue Zürcher Zeitung* festhielt.[89]

Geht es um Auftragsforschung im Zusammenhang mit historisch belasteten Kunstsammlungen oder anderen »sensiblen Dingen«,[90] stellen sich weitreichende Fragen. Dienen mit öffentlichen Mitteln geförderte Forschungsprojekte lediglich der Herstellung eines wissenschaftlichen Narrativs rund um historisch kontaminierte Objekte? Verfügen solche Projekte über eine eigenständige Deutungsmacht? Finden sie zu einem Zeitpunkt statt, da ihre Ergebnisse überhaupt noch konkrete Auswirkungen haben können? Wie also stellt wissenschaftliche Forschung sicher, keine *embedded science* im Auftrag standortspolitischer Legitimierungsinteressen zu sein, etwa im Zusammenhang mit kolonialer Beutekunst oder dem nationalsozialistischen Kunstraub?

Im »Bührle-Komplex«[91] zeigt sich deutlich, wie flüchtig Erinnerungskultur, wie fragil vermeintlich wissenschaftlich abgesicherte Forschungsergebnisse sind, wenn sie unter den Druck neoliberaler Standortpolitik geraten. Werden Forschungsprojekte lediglich eingesetzt, um bereits beschlossene, laufende Sammlungsverschiebungen oder Museumsneubauten zu begleiten, sind sie nicht in der Lage, unabhängige Informationen bereitzustellen, die für eine öffentliche Meinungsbildung von essenzieller Wichtigkeit sind. Auftragsforschung im Dienst des Standortmarketings untergräbt die Unabhängigkeit und damit letztlich auch die Legitimität historischer Forschung. Und sie trägt ihren Teil dazu bei, die Folgen historischen Unrechts kommerziell auszubeuten.

Ein Rückzug auf Zeit?

Für die Bührle-Stiftung und die Familie Bührle-Anda stellt der Einzug ihrer vom kriegerischen 20. Jahrhundert nicht zu trennenden Kunstsammlung ins Kunsthaus ein gutes Geschäft dar. Nicht nur hat die öffentliche Hand die Kapitalisierung ihrer zuvor defizitären und unterrepräsentierten Sammlung ermöglicht und damit wohl auch für eine Stabilisierung des zuvor stets prekären Narrativs um ihre Entstehung gesorgt – zumindest vorübergehend. Aus Sicht von Stiftung und Familie wäre es wünschenswert, würde der Name Bührle künftig nicht mehr mit Kriegsgeschäften, Zwangsarbeitsprofiten oder Raubkunst assoziiert, sondern mit Kunst – mit sogenannten Meisterwerken, die im edlen Ambiente einer offiziellen Institution glänzen.

Die Beruhigung der Bührle-Debatte, die öffentliche Veredelung der Kunstwerke und die durch das offizielle Zürich beglaubigte Legitimität ihrer Provenienzen könnten dafür sorgen. Das würde sich wohl auch günstig auf die Wertsteigerung des in Familienbesitz verbleibenden, unsichtbaren Rests von Bührles Kunstschatz auswirken.

Für die Bührle-Stiftung ist die Zeit gekommen, ihre Aktivitäten vorerst zurückzufahren. Ihr Büro an der Rämistraße, in unmittelbarer Nachbarschaft zum Kunsthausneubau, ist schon aufgelöst. Ihre Anschrift ist seit dem 10. Oktober 2020 identisch mit derjenigen der IHAG, der vom Waffenindustriellen gegründeten Privatbank.[92] Seit dem 1. Januar 2021 wird die Stiftung zum ersten Mal in ihrer Geschichte zudem nicht mehr von einem Familienmitglied präsidiert, da Christian Bührle, Enkel von Emil G. Bührle, sein Amt niedergelegt hat. Der

Entschluss dazu sei im Spätsommer 2020 gefallen, also kurz nachdem bekannt wurde, dass von der Stiftung Einfluss auf die Bührle-Forschungsarbeiten genommen worden war. Es sei ihm stets ein Anliegen gewesen, »sowohl das Andenken an den Sammler wie auch die Anerkennung für die von ihm geschaffene Sammlung zu pflegen«,[93] hält das Protokoll die Abtrittserklärung Christian Bührles fest.

Die Publikation solcher Stiftungsprotokolle ist von Gesetzes wegen vorgeschrieben, doch ist die einsehbare Version stark gekürzt. So ist nicht zu erfahren, wie die Stiftung etwa zum Debakel rund um die Eingriffe in den Forschungsbericht steht, auch fehlen die Tagsordnungspunkte rund um das Zusammenkommen mit dem Kunsthaus. Passagen also, die Licht ins Dunkel des unter Verschluss gehaltenen Leihvertrags bringen könnten, der am 28. Mai 2012 mit der Zürcher Kunstgesellschaft geschlossen wurde und dessen Offenlegung immer wieder gefordert wird.[94]

Neuer Präsident der Stiftung Sammlung E. G. Bührle ist der Zürcher Rechtsanwalt Alexander Jolles. Spezialisiert auf Fragen des Kunstrechts, vertritt er klare Positionen: »Über siebzig Jahre nach den Ereignissen« – Jolles meint den Zweiten Weltkrieg und den Holocaust – »stellt sich auch die Frage, ob nicht der Zeitpunkt gekommen ist, die Dinge ruhen zu lassen; im Interesse des Rechtsfriedens und aus der Erkenntnis, dass Geschichte nicht rückgängig gemacht werden kann.«[95]

In den revidierten Stiftungsstatuten von 2010 wurde vorgesorgt. Sie ermöglichten nicht bloß die vorerst zeitlich beschränkte Überführung von Bührles Kunstgegenständen ins Kunsthaus. Neu findet sich darin auch der Passus, dass der Stiftungsrat befugt sei, »Werke aus der Sammlung zu veräußern [...], wenn begründete Zweifel an der Herkunft eines Werks bestehen«.[96] Einen solchen Fall, der bei einem gerichtlich anerkannten Restitutionsbegehren wegen Raubkunst eintreten würde, hatten die Statuten von 1960 noch nicht gekannt.

Die kommerzielle Ausbeutung der Sammlung Bührle kann also beginnen.

2. Raum ohne Geschichte

Die Vergangenheit schien bewältigt zu sein. »Die Stiftung Sammlung E. G. Bührle hat sich in den vergangenen Jahren intensiv in der Aufarbeitung der Entstehungsgeschichte ihrer Sammlung engagiert«.[1] So warb die Stadtregierung Zürichs im November 2012 für ein Ja in der Abstimmung über die Finanzierung des Kunsthausneubaus. Dank der »weltbekannten Privatsammlung von Emil Georg Bührle« biete sich nun die einmalige Chance, Zürich zum bedeutendsten Museumsplatz für die französische Malerei des 19. Jahrhunderts in Europa zu machen, »nach Paris«. Die Präsentation der Werke werde von den Erkenntnissen der Provenienzforschung »flankiert«, und den Besucherinnen und Besuchern werde man die »historischen Zusammenhänge auf angemessene Art« erklären.

Es war das erste Mal, dass Provenienzforschung in einem demokratischen Prozess als Instrument zur Herstellung von politischer und historischer Legitimation eingesetzt wurde. Dass dabei die Geschichte der problematischen Sammlung von der Besitzerin der Kunstwerke selbst, der Bührle-Stiftung, »aufgearbeitet« werden durfte, wäre heute kaum mehr vorstellbar – zu stark hat sich in den letzten Jahren die öffentliche Wahrnehmung für die Problematik von geraubtem und verlorenem Kulturgut geschärft. Weltweit wurde zuletzt die vom französischen Präsidenten Emmanuel Macron 2017 angestoßene Debatte um die Restitution afrikanischen Kulturguts aus kolonialem Kontext wahrgenommen.

Darin liegt ein Teil der, wenn man so möchte, Tragik rund um den Bührle-Komplex. Der öffentliche Lernprozess um die vielfältigen Herausforderungen, die eine solche Kunstsammlung stellt, hat erst begonnen, nachdem ihre Vergangenheit als aufgearbeitet erklärt worden ist. Über den Fall Bührle hinaus zeigt sich immer wieder, dass Provenienzforschung am Anfang von Raubkunstdebatten stehen sollte und nicht an deren Ende.

Die Washingtoner Konferenz von 1998 und ihre Folgen

Es sind verschiedene Dimensionen, die sich in dieser Thematik überlagern – historische, rechtliche und moralisch-ethische. Man möchte meinen, ein Begriff wie Raubkunst sei eindeutig definiert und Provenienzforschung stelle ein objektives Verfahren dar, um die historische Rechtmäßigkeit von umstrittenem Kulturbesitz zu klären. Doch dem ist nicht so. Weder die historische Forschung noch das Recht sind in der Lage, in diesem umstrittenen Feld für einen sicheren Boden zu sorgen. Im Gegenteil, die scheinbare Klärung der Herkunft umstrittener Objekte wirft oft neue Fragen auf, die sich nicht auf die Rechtmäßigkeit von Besitzverhältnissen reduzieren lassen – zu vielschichtig ist das Thema, zu schwer wiegen die materiellen und institutionellen Interessen der verschiedenen Akteure. Im vorangehenden Kapitel wurde gezeigt, welche Verzerrungseffekte in der Forschungsfreiheit diese Machtverhältnisse nach sich ziehen können.

Mittlerweile ist unbestritten, dass die Provenienzforschung eine wichtige Rolle auch in der moralischen Beurteilung eines in der Vergangenheit liegenden »Aneignungs- und Entfremdungssystems«[2], wie es die Kunsthistorikerin Bénédicte Savoy und der Philosoph Felwine Sarr nennen, einnehmen soll. Das Fach fordere zwangsläufig den Status quo heraus, sind die Provenienzexperten Christian Fuhrmeister und Meike Hopp überzeugt.[3] Es werde aber immer innerhalb konkreter institutioneller Gegebenheiten, also angesichts der faktischen Macht von Museen, universitären Instituten und Sammlungen geforscht. Und nicht zuletzt unter den Bedingungen des globalen Kapitalismus. Provenienzforschung sei daher immer eine genuin politische Anstrengung und müsse eine solche auch sein. Objektgeschichten, die in Verbindung mit Unrechtssystemen stünden, sollten immer, so der Kunsthistoriker Christoph Zuschlag, einen Zugang zur Geschichte der Opfer bieten. Letztlich betreffe die Summe der historischen Erkenntnisse auch die Objekte selbst: »Wer die Biografie eines Kulturguts kennt, sieht das Kulturgut mit anderen Augen und erhält einen neuen Zugang zu seinem Verständnis.«[4]

Von solchen grundsätzlichen Diskussionen sieht sich die Provenienzforschung der Bührle-Stiftung denkbar weit entfernt. Ihre Absicht war es zu keinem Zeitpunkt, unabhängig zu forschen und die Ergebnisse kritisch zu reflektieren. Stiftungsdirektor Lukas Gloor drückte es 2020 so aus: Aufgabe der von ihm geleiteten Provenienzforschung sei gewesen, der Bührle-Sammlung »den Weg in den neuen Erweiterungsbau des Kunsthauses Zürich zu ebnen«.[5]

Die qualitativen Standards für Provenienzforschung sind nirgends verbindlich festgelegt. Traditionellerweise war es Aufgabe des Fachs gewesen, als Hilfswissenschaft die Echtheit von Kunstwerken auf dem Kunstmarkt zu klären. Dazu wurde der Weg eines Werks durch Raum und Zeit bis zum Zeitpunkt seines Entstehens zurückverfolgt und jeder Handwechsel nach Möglichkeit belegt. Ein Verfahren, das bis heute vor allem für Sammlerinnen und Sammler hochwertiger Kunst wie etwa Museen von elementarer Bedeutung ist. Zur fälschungssicheren Markierung von Objekten dürfte bald die digitale Blockchain-Technologie eingesetzt werden.

Heute produziert Provenienzforschung immer noch Rohdaten zur Konstruktion von Objektbiografien, doch mittlerweile arbeitet sie interdisziplinär, und seit einigen Jahren ist neben dem nationalsozialistischen auch der koloniale Kontext von Kulturgutverschiebungen ins Blickfeld gerückt. Seither sind die Herausforderungen an das Fach weiter gestiegen, gerade wenn es gilt, ihre Forschungsergebnisse zu vermitteln. Dazu muss sie Einzelresultate in Kategorien überführen. Solche Kategorien sind nicht gegeben, nicht objektiv oder allgemeingültig. Was Raubkunst ist, kann auch die Rechtsprechung nicht klären. Das Gesetz ist nicht in der Lage – und kann auch nicht in der Lage sein –, die historischen Konstellationen der Ereignisse widerspruchsfrei abzubilden. Dies trägt zum hohen Konfliktpotenzial solcher Fragen bei. Davon sind aber nicht bloß quantifizierbare, materielle Interessen betroffen, etwa, wenn es um Restitution oder finanzielle Entschädigung geht. Vielmehr spielen geschichtspolitische Positionierungen eine Rolle – also bestimmte, politisch motivierte Auslegungen von Geschichte.[6] Gerade in aufgeheizten Debatten um eine angemessene Erinnerungskultur von Kulturgutverlusten wird deutlich, dass das, was mit dem vagen Begriff »Geschichte« bezeichnet wird, als ein in der Vergangenheit liegender Interpretationsraum verstanden und beansprucht wird.[7]

Öffentliche Auseinandersetzungen um Raubkunst und andere historische Verlustformen von Kulturgut waren mitverantwortlich für die Ausdifferenzierung der Provenienzforschung als Fach und werden es weiterhin sein. Immer wieder warfen und werfen im medialen Scheinwerferlicht geführte Streitigkeiten die Frage auf, wie mit solchen Gütern heute angemessen umzugehen sei. In einem Rückkoppelungseffekt hat sich dabei die Bedeutung gesteigert, die der Provenienzforschung in der Klärung solcher Fragen zugeschoben wird – mit manchmal paradoxen Effekten. Im Extremfall führt diese Forschung, so drückt es die Ethnologin Brigitta Hauser-Schäublin aus, zu einem Tunnelblick in die Vergangenheit. Indem die Objekte aus ihren historischen Zusammenhängen isoliert werden, innerhalb deren sie erschaffen, gehandelt oder ausgestellt wurden, ließ sich ihr symbolischer, manchmal auch ihr ökonomischer Wert steigern.[8]

Für die breite Wahrnehmung der schwelenden Problematik des NS-Kunstraubs war der Fall Gurlitt ein Paradebeispiel. Der Schwabinger Kunstfund löste ein gewaltiges mediales Beben aus, schärfte allerdings mittelfristig die Debatte und führte zu politischen und wissenschaftlichen Konsequenzen. 2013 war bekannt geworden, dass bayrische Zollfahnder zwei Jahre zuvor auf einen ominösen Kunstschatz gestoßen waren. Die insgesamt 1560 Werke, die ein zurückgezogen lebender Münchner namens Cornelius Gurlitt sorgfältig vor der Öffentlichkeit verborgen hatte, standen im Verdacht, zu großen Teilen aus Raubkunst zu bestehen. Cornelius Gurlitt, hochbetagter Sohn eines in den NS-Kunstraub verstrickten Kunsthändlers, starb im Frühjahr 2014. In seinem Testament fand sich verfügt, dass die Stiftung Kunstmuseum Bern Alleinerbin seiner Kunstsammlung sei.

Sicherlich waren es die für eine Medialisierung geeigneten Umstände – ein rätselhafter Kunstschatz und sein geheimnisvoller Wächter –, die den Fall Gurlitt besonders populär machten. Auch in der Schweiz führte er zu einer intensiven politischen Debatte. Allein zwischen 2013 und 2017 wurden im Nationalrat zehn parlamentarische Vorstöße rund ums Thema »Raubgut« eingereicht. Seit 2016 beteiligt sich der Bund an entsprechenden Projekten mit bis zu hunderttausend Schweizer Franken. Auf die Forschungspraxis hatte der Schwabinger Kunstfund dann auch Auswirkungen. Kurz vor seinem Tod hatte Cornelius Gurlitt eine umfassende Erforschung befürwortet, um mehr darüber zu erfahren, unter welchen Bedingungen sein Vater an die Objekte gekommen war. Die Provenienzforschung sollte – ein Novum für die Schweiz – in Zusammenarbeit mit deutschen Stellen erfolgen.[9]

Die Entdeckung von Gurlitts Sammlung und der Umgang damit warfen auch ethische Fragen auf. Für den Museumsforscher Thomas Thiemeyer zeigten sich im Streit um das belastete Erbe die Symptome für »eine neue Suche nach Gerechtigkeit vor der Geschichte«.[10]

Wie aber hängt die Provenienzforschung mit Begriffen wie Raubkunst, Fluchtgut oder Vermögensverlust zusammen, und was besagen die in diesem Zusammenhang immer wieder erwähnten »Washingtoner Prinzipien« von 1998?

Die Auseinandersetzung um die Restitution von durch den NS-Staat geraubtem Vermögen fand in

Deutschland in zwei Phasen statt. Bis in die sechziger Jahre stützten Restitutionsforderungen sich auf die alliierten Rückerstattungsgesetze, die zwischen 1947 und 1949 von den westlichen Besatzungsmächten erlassen worden waren. Sie zielten auf die Rückgabe wiederauffindbaren Eigentums. Immobilien, Firmen und weitere materielle Güter, die ihren Eigentümern im Zuge der »Arisierungen« geraubt worden waren, sollten restituiert werden. 1957 übernahm die Bundesregierung die Verantwortung für einen Teil der Vermögenswerte, die das »Dritte Reich« in der Beraubung der als jüdisch Verfolgten an sich gerissen hatte. Erst mit dem Ende des Kalten Kriegs und der Vereinigung der beiden deutschen Staaten setzte sich nach 1990 die Erkenntnis durch, dass die Anstrengungen zur Auffindung von geraubtem Vermögen wie Kulturgüter oder Kunstwerke deutlich intensiviert werden müssten. Diese neue Auffassung löste eine zweite Restitutionswelle aus. Sie hält immer noch an, und die Debatte um die Bührle-Sammlung steht in diesem Zusammenhang.[11]

Warum hat es so lange gedauert, bis auch die ökonomische Dimension der nationalsozialistischen Verbrechen zum Thema wurde? Für den Schriftsteller und Friedensnobelpreisträger Eli Wiesel, einen Überlebenden der Konzentrationslager Auschwitz und Buchenwald, lag dies nicht zuletzt an der Banalität der Vorgänge. Aus Sicht der Überlebenden sei die Tatsache nur schwer zu akzeptieren gewesen, dass der Holocaust für die Täter nichts anderes als die günstige Gelegenheit gewesen sei, hassgetriebenen Idealismus mit der Aussicht auf einen ganz gewöhnlichen Raubzug zu verbinden.[12]

Dass die Spuren des nationalsozialistischen Kunstraubs auch in die neutrale Schweiz führen, zeigte einem breiten Publikum erstmals die Autorin Lynn H. Nicholas in *The Rape of Europa* 1994 (auf Deutsch 1997). Nicholas beschreibt, in welch präzedenzlosem Ausmaß die Nationalsozialisten Kunstwerke verfemt, geraubt, zu Devisen gemacht oder gesammelt haben und damit einen internationalen Kunstmarkt schufen, wie es ihn zuvor nicht gegeben hatte. Auf den ersten Seiten des in zahlreiche Sprachen übersetzten Buchs wird auf die besondere Rolle der Schweiz als internationale Drehscheibe im NS-Kunstraub hingewiesen, nämlich anhand einer berüchtigten Kunstauktion im Sommer 1939 in Luzern. Über hundert als »entartete Kunst« aus deutschen Museen beschlagnahmte Gemälde und Plastiken wurden dort versteigert; der Erlös ging über ein Londoner Konto direkt an den NS-Staat.

Nicholas beschrieb auch das Aufstöbern von Raubkunst noch während des Kriegs. Sie folgte den Spuren einer Spezialeinheit der US-Armee, die im Rücken von Fronteinheiten auf deutsches Territorium vordrang und dort nach verborgenen Kunstdepots forschte. Zu dieser Monuments, Fine Arts, and Archives Section (MFAA) gehörten auch Kunstexperten.[13] Als die Bombardierungen deutscher Städte immer schwerer wurden und der Zusammenbruch des Regimes nur noch eine Frage der Zeit war, versteckten die Nationalsozialisten die von ihnen erbeuteten Kunstschätze in Tunneln und Bergwerksschächten. Nicholas berichtet von der Entdeckung einer solchen Raubgutkammer in Siegen, einer kleinen Universitätsstadt im südlichen Westfalen. Kurz vor der Kapitulation NS-Deutschlands ging die MFAA Hinweisen nach, die auf ein geheimes Kunstdepot in einem nahen Bergwerk hindeuteten. Stollen um Stollen wurde durchkämmt. Noch ehe sie die Kunstwerke tatsächlich in einem gut getarnten, geheimen Raum fanden, stießen die Soldaten aber auf Hunderte von Deutschen, die sich in den engen Tunneln vor den Alliierten versteckt hielten. In einem anderen Stollen fanden sie eine weitere Gruppe vor. Ungeduldig hätten die Menschen sie gefragt, ob sie nun endlich nach Hause könnten. Es waren Zwangsarbeiter und Kriegsgefangene in deutscher Haft.[14]

Wenige Jahre später, 1999, veröffentlichte der Historiker Thomas Buomberger eine grundlegende und viel beachtete Studie zur Verflechtung von Schweizer Kunstmarktakteuren mit dem NS-Kunstraub.[15] Zuvor war die Raubkunstthematik vor allem Spezialistinnen und Spezialisten wie Juristen oder Verwaltungsangestellten bekannt gewesen. Auch die Prozesse vor dem Bundesgericht, die sich zwischen 1946 und 1953 mit Bührles Raubkunstkäufen und ihrer Abwicklung beschäftigten, waren in der Presse kaum behandelt worden.

1998 fand unter Beteiligung von 44 Staaten, darunter der Schweiz, eine Konferenz statt, deren Ziel es war, diese ungelöste Problematik anzugehen. Die Konferenz war international, weil sich der NS-Kunstraub auf den Territorien verschiedener Staaten ereignet hatte und seine Folgen global waren und sind. Auf der Washington Conference on Holocaust-Era Assets wurde keine gesetzliche Bestimmung, sondern ein Richtlinienkatalog für den Umgang mit Raubkunst verabschiedet, die sogenannten »Washingtoner Prinzipien« (»Washington Conference Principles on Nazi-Confiscated Art«).[16] Sie besagen, dass zunächst geklärt werden müsse, wo, in welchen Museen oder staatlichen Sammlungen, sich NS-Raubkunst befinde, und rufen die Staaten und ihre öffentlichen Institutionen dazu auf, Museumsbestände nach Raubkunstwerken zu durchforsten und die Rechercheergebnisse zu veröffentlichen. Für jeden entdeckten Raubkunstfall solle danach eine »faire und gerechte Lösung« gefunden werden, »wobei diese je nach den Gegebenheiten und Umständen des spezifischen Falls unterschiedlich ausfallen kann«. Angesichts der je eigenen Rechtssysteme der beteiligten Staaten war an eine verpflichtende rechtliche Regelung nicht zu denken.[17]

Bald jedoch zeigte sich, dass täterfixierte Rechtsbegriffe wie Raub oder Beschlagnahmung nicht ausreichten, um die tatsächliche Dimension der durch den Nationalsozialismus verursachten Kulturgüterverluste zu beschreiben. 2009 versucht man auf der Folgekonferenz im tschechischen Terezín (Theresienstadt), die Systematik des Kulturgutverlusts exakter zu fassen. Die

»Theresienstädter Erklärung« erweiterte den engen Raubkunstbegriff von 1998, um damit auch diejenigen Kulturgüter ins Blickfeld zu rücken, die von den Verfolgten des NS-Regimes aus einer Notlage heraus veräußert worden waren.

In der Erklärung heißt es: »In Anbetracht der Bedeutung einer Restitution des unbeweglichen Vermögens von Gemeinden und Einzelpersonen, die Opfer des Holocaust (der Schoah) sowie Opfer anderer nationalsozialistischer Verfolgung waren, rufen die Teilnehmerstaaten dazu auf, alles nur Mögliche zu unternehmen, um die Folgen des unrechtmäßigen Vermögensentzugs, wie durch Beschlagnahme, Zwangsverkauf und Verkauf in einer Zwangslage, zu korrigieren, der Teil der Verfolgung dieser unschuldigen Menschen und Gruppen war, von denen die überwiegende Mehrheit keine Erben hinterließ.«[18]

Damit wurden die Menschen, die Opfer der nationalsozialistischen Verfolgung waren, sichtbar. Festgehalten wurde in Terezín auch, dass immer noch »zahlreiche Fragen klärungsbedürftig bleiben, da nur ein Teil des entzogenen Vermögens wiedererlangt oder eine Entschädigung dafür gezahlt wurde«. Daran hat sich bis heute wenig geändert. Allein in Deutschland dürften noch Tausende Kunstwerke auf eine Rückgabe warten.[19]

Auch diese Erklärung wurde von der Schweiz anerkannt. Daraus folge, so der Jurist Andrea Raschèr, der die Anlaufstelle für Raubkunst des Bundesamts für Kultur aufgebaut hat, »dass alle NS-verfolgungsbedingt entzogenen Kunstgegenstände, darunter sog. Fluchtgut, der Regelung der Washingtoner Richtlinien unterstehen können«.[20]

Der vor allem in der Schweiz gebräuchliche Begriff »Fluchtgut« wiederum wurde 2001 von der Unabhängigen Expertenkommission Schweiz – Zweiter Weltkrieg (UEK, der sogenannten Bergier-Kommission), als historische Analysekategorie geschaffen. Damit sollte auf die besondere Stellung der Schweiz als Flucht- und Transitland hingewiesen werden. Fluchtgut, das seien »Kulturgüter, die von den (jüdischen) Eigentümern selbst in oder über die Schweiz ins Exil verbracht wurden«.[21] Anders als in Deutschland sei der Schweizer Kunstmarkt, auf dem die Eigentümerinnen und Eigentümer ihre Objekte veräußerten, aber »grundsätzlich« frei von diskriminierenden Bestimmungen gewesen.

Diese Aussage wird heute kritisiert, etwa vom bereits erwähnten Kunstrechtexperten Andrea Raschèr. Sie sei blind für die Notlage der damals als jüdisch verfolgten, an Leib und Leben bedrohten Verkäuferinnen und Verkäufer. Die Kaufpreise hätten die Kaufwilligen festgelegt, nicht die Flüchtlinge. »Deshalb kann für diese Zeit nicht von freiwilligen Kunstverkäufen zu Marktpreisen durch Juden ausgegangen werden.«[22]

Konnten solche als Fluchtgutverkauf bezeichneten Transaktionen je freiwillig erfolgen, angesichts der Verfolgung durch den NS-Staat? Wie stand es damals um das gesellschaftliche Klima in der Schweiz und um den antisemitischen Druck, den schweizerische Behörden sowohl auf jüdische Flüchtlinge als auch auf jüdische Schweizerinnen und Schweizer ausübten?[23] Um die historischen Rahmenbedingungen, innerhalb deren solche Transaktionen stattfanden, gebührend zu berücksichtigen, plädiert Raschèr für eine Übernahme des in Deutschland gängigen und umfassenden Rechtsbegriffs »NS-verfolgungsbedingter Vermögensentzug«. Damit würden Raubkunst und Fluchtgut juristisch unter denselben Titel gestellt.[24] Auch aus Sicht der Geschichtswissenschaft würde damit, ganz im Sinne einer Verflechtungsgeschichte, der unauflösbare Zusammenhang hervorgestrichen, der zwischen beiden Verlustformen besteht und der im Antisemitismus des NS-Regimes begründet liegt.

Kategorien wie Raubgut oder Fluchtgut sind also umstritten. Und rechtlich bindend sind weder die »Washingtoner Prinzipien« noch die »Theresienstädter Erklärung«. Sie gelten als *soft law*. Die Staaten, die sich den beiden Erklärungen angeschlossen haben, erkennen ihre Dringlichkeit an, ohne aber die eigene Gesetzgebung entsprechend zu verändern. Ein bekanntes Beispiel für solche nichtverpflichtende Rechtstexte sind Resolutionen der UNO-Generalversammlung, die in Krisen- und Kriegssituationen etwa zur Respektierung humanitärer Standards aufrufen. Es sind Appelle, deren Befolgung rechtlich nicht erzwungen werden kann, die aber die Einhaltung ethischer Normen anmahnen.

Dies zeigt sich in der Praxis. Museen sind nicht zur Erforschung ihrer Bestände verpflichtet. Weder die eidgenössische noch die kantonale Gesetzgebung kennen eine entsprechende Bestimmung. Doch existieren sehr wohl Rechtstexte, die auch für Museen von Bedeutung sind. Weder im Gesetz noch im Völkerrecht verankert, wirken sie sich als *soft law* auf die Museumspraxis aus, nämlich als »narrative Normen, welche bei der Auslegung des geltenden Rechts zu berücksichtigen sind«,[25] wie der auf Kunstrecht spezialisierte Anwalt Peter Mosimann schreibt. Neben den bereits angesprochenen »Washingtoner Prinzipien« von 1998 finden hierzulande auch die »Declaration of Swiss Museums«[26] sowie der Ethikcode des International Council of Museums (ICOM)[27] Anwendung. Sie rufen ihre Mitglieder ebenfalls zur Erforschung der Provenienzen auf.

UNO-Appelle befassen sich mit Krisen der Gegenwart und nahen Zukunft. Die angesprochenen Rechtstexte aus dem *soft law* aber thematisieren Ereignisse, die in der Vergangenheit liegen und deren Folgen in die Gegenwart reichen. Damit werden Museen zwangsläufig zu Orten von Geschichtspolitik.[28] Dies trifft selbstverständlich auch auf das Kunsthaus Zürich zu, das ICOM-Mitglied ist. Hier aber will man sich der Verantwortung nicht stellen. Gewiss stoße die Geschichte der Bührle-Sammlung »lokal auf ein berechtigtes Interesse«, ließ sein Pressesprecher noch 2019 verlauten, letztlich »sind wir aber ein Kunsthaus und kein historisches Museum«.[29]

Die Schweiz als Insel: Die Provenienzforschung der Sammlung Bührle

Die Provenienzforschung der Bührle-Sammlung wurde von Stiftungsdirektor Lukas Gloor geleitet. Für seine Recherchen hatte er zwischen 2008 und 2010 die damals in Chicago tätige Provenienzforscherin Laurie Stein als Beraterin auf Mandatsbasis beigezogen.[30] Gloor hatte 1984 mit einer Arbeit über die Rezeptionsgeschichte des Impressionismus in der Schweiz promoviert. Später war er im Schweizerischen Institut für Kunstwissenschaft tätig, einer Institution, die eng mit der Bührle-Stiftung und dem Kunsthaus Zürich verbunden ist. In den neunziger Jahren war der Kunsthistoriker schweizerischer Kulturattaché in New York. 2002 wurde Gloor, dem ein besonderer »Sinn für Kommunikation«[31] nachgesagt wird, Direktor und Kurator der Stiftung Sammlung E. G. Bührle. Dort baute er das Netzwerk mit auf, dem es gelingen sollte, die Kunstsammlung aus dem Schatten herauszuziehen, den der Name Bührle seit den siebziger Jahren wirft.[32]

Für ihre Recherchen stand der Bührle-Stiftung exklusiv das Sammlungsarchiv zur Verfügung – ein Archiv, das es offiziell gar nicht gab; 2001, als das Raubgutforschungsteam der Bergier-Kommission nach entsprechenden Dokumenten suchte, wurde ihm von der Bührle-Stiftung mitgeteilt, das Sammlungsarchiv sei vernichtet worden. Zu einem Treffen mit den Wissenschaftlern im April 2001 erschien die damalige Stiftungspräsidentin Hortense Anda-Bührle. Begleitet wurde sie vom Kunsthausdirektor Christoph Becker. Welche Rolle Becker damals spielte, lässt sich nicht mehr rekonstruieren.[33] Doch sollte man das Offensichtliche dieser Anekdote nicht übersehen, nämlich die damals schon enge Verbindung zwischen der Bührle-Stiftung und dem Kunsthaus. Später wird Gloor erklären, das verloren geglaubte Archiv zufällig wiedergefunden zu haben – auf dem Dachboden des Bührle-Privatmuseums und am Geschäftssitz der familieneigenen IHAG-Privatbank.[34]

Zehn Jahre nach den Recherchen der Historikerkommission hatte Gloors Exklusivzugang zum Archiv seinen Zweck erfüllt. 2010 tauchten die Dokumente auf, die angeblich nicht mehr existierten – ausgerechnet im Kunsthaus selbst. In der von Christoph Becker und Lukas Gloor gemeinsam kuratierten Ausstellung »Van Gogh, Cézanne, Monet. Die Sammlung Bührle« wurden in einer Vitrine Kaufbelege ausgestellt, was von Georg Kreis, dem ehemaligen Verantwortlichen für den Raubkunstbericht der Bergier-Kommission, konsterniert zur Kenntnis genommen wurde.[35] Doch die Ausstellung erfüllte die Erwartungen der Organisatoren. Als Lackmusprobe zeigte sie an, wie Öffentlichkeit und Politik auf die Präsentation der politisch belasteten Sammlung reagieren würde, nämlich wohlwollend. Die hinter Glas erstmals präsentierten Schriftstücke signalisierten Transparenz, die Botschaft war, die Provenienzen seien geklärt. Es meldeten sich aber auch warnende Stimmen. Die *Neue Zürcher Zeitung* etwa merkte an: »Wie seriös

Gloor und sein Mitarbeiterstab auch immer arbeiten mögen – er bleibt doch ein Angestellter der Stiftung Bührle, was ihn zwangsläufig dem Verdacht aussetzt, eine subjektive Wahrheit zu verbreiten.«[36]

Die Kritik verhallte aber rasch. Für die nächsten Jahre wurde es um die Sammlung ziemlich still. Bald schon sollten die Recherchen zu ihrer Entstehungsgeschichte zum politischen Instrument werden.

Eine unabhängige und umfassende Erforschung der Provenienzen der Bührle-Sammlung scheint schon aufgrund der unübersehbaren Interessenkonflikte unabdingbar. Ob und wann eine solche Aufarbeitung erfolgen wird, ist allerdings ungewiss.

Wie aber hat eigentlich die Bührle-Provenienzforschung gearbeitet, und zu welchen Ergebnissen ist sie gelangt? Diese grundlegenden Fragen beziehen sich auf das Design der Forschung zur gesamten Sammlung. Weiterhin geht es um die Umstände der Erwerbung eines einzelnen Gemäldes. Zwei Beobachtungen werden hierbei festzuhalten sein: erstens wie ungenau und die historischen Tatsachen verzerrend mit Quellen umgegangen wird, und zweitens, wie und weshalb dadurch jüdische Opfer des Nationalsozialismus unsichtbar gemacht werden.

In der Museumspraxis hat sich das Modell der sogenannten Provenienzampel durchgesetzt, um Objekte aus historisch umstrittenen Erwerbungskontexten mit einem simplen Herkunftslabel markieren zu können. Der Verband der Museen der Schweiz empfiehlt eine

Ampel, die auf den Kategorien des Bundesamtes für Kultur basiert: Grün bedeutet, Raubkunst lasse sich »mit grosser Wahrscheinlichkeit«[37] ausschließen. Gelb heißt, die Herkunft eines Objekts sei zwar nicht lückenlos belegt, die vorhandenen Informationen ließen aber eine unbedenkliche Provenienz vermuten. Orange warnt, hier könnte es sich um NS-Raubkunst handeln. Die eindeutigen Fälle werden mit Rot markiert. Ein System also, das die tatsächliche Komplexität von Erwerbungsumständen bestenfalls erahnen lässt und das ganz auf die Interessen der Museen zugeschnitten ist.

Die Bührle-Stiftung hat ein eigenes Analyseraster kreiert. Es kennt drei Kategorien, die voneinander aber nur unscharf getrennt sind, indem es Plus- und Minus-Präfixe zulässt. In der Kategorie A – sie beinhaltet 97 Objekte – sieht es diejenigen Werke, deren Besitzverhältnisse während der Jahre 1933 bis 1945 »lückenlos belegt« seien und die als gänzlich unproblematisch gelten können.

Bei den Werken der Kategorie B – darunter fallen 116 Objekte – sind die »Besitzverhältnisse 1933–1945 lückenhaft oder nicht bekannt«, es gebe aber keine Hinweise darauf, »dass sich das Werk während diesem Zeitraum als jüdischer Besitz in Deutschland oder in von Deutschland besetztem Gebiet befunden haben könnte«. In dieser Kategorie kommt noch eine Unterscheidung B+ hinzu – 26 Objekte – mit »konkrete[m] Hinweis auf wahrscheinlichen Aufbewahrungsort außerhalb des deutschen Einflussbereichs 1933–1945«.

In der Kategorie C schließlich finden sich drei Kunstwerke, deren Besitzverhältnisse zwischen 1933 und 1945 nur lückenhaft oder gar nicht bekannt sind. Hier lägen konkrete Hinweise darauf vor, »dass sich das Werk vor, während oder nach diesem Zeitraum in jüdischem Besitz in Deutschland (oder während des Krieges als jüdischer Besitz in einem unter deutscher Besatzung stehenden Land) befunden haben könnte«.

Diese Angaben stammen aus einem unveröffentlichten Dokument von Gloor vom November 2018. Sein Inhalt lässt darauf schließen, dass es der Information der Zürcher Kunstgesellschaft und der Stadt Zürich diente.[38] Seine zentrale Aussage lautet, dass sich heute keine Raubkunst mehr in der Bührle-Sammlung befinde – zumindest nicht Raubkunst »im eigentlichen Sinn«.[39] Es sei leider so, dass sich seit der Washingtoner Erklärung von 1998 in der Öffentlichkeit eine bestimmte Wahrnehmung verbreitet habe, nach der jede in der Zeit des NS-Regimes getätigte Transaktion auf dem Kunstmarkt »unter Verdacht« stehe. Dadurch sei es zu einer leider auch von der deutschen Rechtsprechung geschützten Umkehrung der Beweislast gekommen. Fortan könnten nämlich Ankäufe nur noch dann als unbedenklich eingestuft werden, »wenn der Beweis vorlag, dass ein Verkauf nicht unter dem Druck einer v. a. jüdische Sammler betreffenden Verfolgung zustande gekommen war«.

Aus Sicht der Bührle-Stiftung müsste also immer erst der Druck bewiesen werden, der zwischen 1933 und

1945 auf Jüdinnen und Juden lastete. Sollte es dennoch zu Entschädigungen für Verkäufe kommen, die unter den Bedingungen von Krieg und Flucht stattgefunden haben, müssten dafür diese »von den Nachfahren derer eingefordert werden, die diese Verhältnisse ursächlich verschuldet haben«. Die Aussage ist unmissverständlich: Akteure auf dem Kunstmarkt, also Galeristen, Händler oder Käufer wie Emil G. Bührle, könnten prinzipiell nicht rechtlich belangt werden für kriegs- und verfolgungsbedingte Transaktionen.

Zusammenfassend wird erklärt: Ein großer Teil der Sammlungsobjekte habe zum letzten Mal zwischen 1933 und 1945 die Hand gewechselt, *ehe* Emil G. Bührle sie auf dem internationalen Nachkriegskunstmarkt erworben habe. Aus diesem Grund befinde sich in den beiden umfassendsten Kategorien A und B+ »nach Auffassung der Stiftung Bührle auch [...] sogenanntes ›Fluchtgut‹« – Werke also, die in nicht von NS-Deutschland besetzten Ländern verkauft worden waren, um ihren Besitzerinnen und Besitzern wenigstens das materielle Überleben zu sichern. Für neunzig Werke aus der Kategorie gelte, »dass sie nach heutigem Wissensstand keine problematische Provenienz aufweisen, dass aber neue Erkenntnisse diese Gewissheit wieder in Frage stellen könnten«.

Seit jeher sei die Sammlung, wie Gloor es ausdrückt, »anfällig für einschlägige Kritik«. Deshalb habe er in seiner Forschung einen Schritt weiter »als selbst die großen Kunstmuseen der Welt« gehen müssen. Dieser

Schritt bestand nun aber nicht darin, die Erwerbungsumstände der Objekte kritisch darzustellen und sie historisch einzuordnen. Stattdessen möchte die Stiftung in ihrer Forschung ausweisen, »auf welche Quellen sich die jeweilige Angabe stützte«. Kurz gesagt, die stiftungsinternen Nachforschungen gehen nach eigenem Verständnis über die Standards der bedeutendsten Kunstmuseen der Welt hinaus, indem sie sich ans Einmaleins des korrekten Zitierens und Nachweisens von Quellen halten.

Zusammenfassende Angaben oder methodische Erläuterungen zur Provenienzforschung wurden nie veröffentlicht. Auch nicht in der kürzlich herausgegebenen, üppig bebilderten Geschichte der Sammlung Bührle.[40] Es bleibt für die Öffentlichkeit also weiterhin im Dunklen, wie sich die Sammlung unter dem Blickwinkel der historischen Erwerbungsumstände zusammensetzt und wie viele Werke in welche Provenienzkategorien fallen.

Auf der Stiftungs-Website findet sich die Geschichte der Sammlung, aufgelöst in Einzelangaben wie Daten, Namen, manchmal Preise – simple, scheinbar objektive Rohdaten, die die verschlungenen Pfade der Werke durch Raum und Zeit sichtbar machen sollen. Die schwer zuzuordnenden Basisangaben, manchmal sind sie in kleine Narrative überführt, sollen dokumentieren, wer welches Kunstwerk von wem gekauft hat, wann und zu welchem Preis. Angereichert werden diese Daten mit Ausstellungschronologien und Literaturangaben, in denen kritische Publikationen fehlen. Diese Dokumentation zeigt Daten, die einen von unsichtbarer Hand geordneten, freien Markt suggerieren.

Mit dem Zeigefinger auf der Weltkarte kann man so jedem der Kunstwerke folgen: von Deutschland etwa in die Schweiz oder von Frankreich nach Deutschland und von dort weiter nach London oder von Deutschland über London in die USA – Pfaden also, die sich durch einen geschichtslosen Raum schlängeln und die immer am selben Ort enden, in Zürich. Die historischen Kontexte jedoch, also Bedrohung und Not, Flucht und Vertreibung, Beraubung und Krieg, sind ausgeblendet – und damit die grundlegenden Voraussetzungen für den mit unerschöpflichen Mitteln ausgestatteten Emil G. Bührle, sich diese Objekte aneignen zu können.

Zu den Aufgaben einer Provenienzforschung auf der Höhe der Zeit gehört es, durch Quellenrecherchen produzierte Rohdaten in die richtigen historischen Kontexte einzuflechten. Zu erklären, weshalb diese Objekte auf dem Kunstmarkt überhaupt verfügbar waren und mit welchen Geldern sie angeeignet wurden, insbesondere, wenn es sich um einen Sammler wie Emil G. Bührle handelt, dessen Name bis heute in jeder Veröffentlichung zum Kulturgüterraub der Nationalsozialisten steht. Die maßgebliche Datenbank »Lost Art« des Deutschen Zentrums Kulturgutverluste führt ihn konsequenterweise unter der Rubrik »Beteiligte Privatpersonen und Körperschaften am NS-Kulturgutraub«.

Ganz ohne historische Einbettung kamen allerdings auch die Recherchen der Bührle-Stiftung nicht aus.

Zum zugrunde liegenden Geschichtsbild erklärt Gloor 2014 metaphernreich: »Die Schweiz war gleichsam eine Insel mitten im unsicheren Meer der Zeit. Wenn auf diesem Meer Schiffbrüchige aus verschiedensten Ländern und besonders viele aus dem nahegelegenen Deutschland trieben, können auch aus heutiger Sicht für die Schiffbrüche an sich nicht die Inselbewohner zur Verantwortung gezogen werden.« Es sei, heißt es weiter, »verständlich, dass die Forderung nach Wiedergutmachung sich heute an die richtet, die aus der Katastrophe nicht nur ihr Leben, sondern auch ihren Wohlstand retteten. Damit sollen die Bewohner der Schweiz, also die Inselbewohner, die inmitten des widrigen Zeitenmeers glücklich überlebten, wenigstens nachträglich mit haftbar gemacht werden – für die Taten, die sie nicht begangen, und für Verhältnisse, die sie nicht geschaffen haben. Das sollen sie übrigens tun mit einer Gruppe von Notleidenden, die nicht nur nach den Verhältnissen der damaligen Zeit ein schmales Segment hoch Privilegierter waren. Das muss nicht hingenommen werden.«[41]

Schiffbruch, Insel, Meer, Strandgut und Inselbewohner – Sprachbilder, die dem Repertoire nautischer Metaphern entliehen sind, das tief in unsere Sprache eingelassen ist und seine eigene Geschichte hat. Für den Philosophen Hans Blumenberg kennzeichnet es eine in die Antike zurückreichende, mythologische Geschichtsbetrachtung, die sich seither durch zahllose Narrative zieht. In solchen Geschichten verliert der Schiffbrüchige zwar alles, geht aber doch unbeschadet aus dem Untergang hervor, da er sich auf eine Insel retten kann. Dort trifft er auf die, die seiner Not auf dem aufgewühlten Meer zugesehen haben. Nicht weil sie sich am Leid, sondern weil sie sich »am Genuss des eigenen unbetroffenen Standorts« ergötzten.[42]

Diese Erzählung zieht sich als roter Faden durch die Stellungnahmen der Bührle-Stiftung zur Herkunft ihrer Gemälde. Sie besagt, dass die Flüchtlinge, die Kunstobjekte mit in die Schweiz brachten, eigentlich privilegierte Schiffbrüchige gewesen seien und sich hätten glücklich schätzen dürfen, weil sie ihr Eigentum auf die umtoste Insel Schweiz retten konnten. Der verlorene Rest ist »Strandgut[43], sind herrenlose Dinge, die irgendwo angespült wurden. Die beiden Hauptmetaphern gehen nahtlos ineinander über, Schiffbruch und Meer. In den Augen der Bührle-Stiftung stehen sie für ein unerklärtes und unerklärliches Unglück, in dem nicht unterschieden werden kann zwischen Ursache, Verlauf und Folgen. Nationalsozialismus, Krieg, Verfolgung und Flucht – es wird alles in eins gesetzt.

Die Unsichtbarmachung der Opfer

In die Kategorie A gehört gemäß der stiftungseigenen Provenienzrecherchen das Gemälde »Paysage«[44] von Paul Cézanne, eine spätimpressionistische Landschaftsstudie aus der Provence. Das heißt, seine Herkunft sei vollständig geklärt und unproblematisch. Eine kritische Rekonstruktion der letzten Etappe seiner Erwerbungsgeschichte zeigt, dass und wie die Bührle-Provenienzforschung Sachverhalte verschleiert.[45] Durch fehlerhafte Quellenzitate werden die Umstände unterschlagen, unter denen die früheren Besitzer – das jüdische Ehepaar Martha und Berthold Nothmann – Cézannes »Paysage« verkaufen mussten. Der Verfolgungsdruck, der auf den Nothmanns lastete, wird in Abrede gestellt, ihre Notlage beschönigt.[46] Mit keinem Wort wird auf der Website der Bührle-Stiftung, auf der die Objektprovenienzen veröffentlicht sind, die jüdische Herkunft des Ehepaars Nothmann erwähnt. Damit wird ihre Opfergeschichte unsichtbar gemacht.

Das Verschweigen eines jüdischen Familienhintergrunds hat System. An keiner Stelle der Provenienzrecherchen wird auf einen solchen hingewiesen. Die NS-Verfolgungs- und Beraubungspolitik gegenüber Jüdinnen und Juden wird komplett ausgeblendet. Alle betreffenden Transaktionen sollen als unverdächtig erscheinen.

»Paysage« gehört zu einer Gruppe von Gemälden, deren Herkunft der Kunsthistoriker Guido Magnaguagno 2015 im *Schwarzbuch Bührle* als problematisch bezeichnet hat. Auf ungeklärte Weise sei das Werk zu einem unbekannten Zeitpunkt in die USA gelangt. Dort hatte es der umtriebige St. Galler Kunsthändler Fritz Nathan im Juni 1947 entdeckt und erworben. Nach Magnaguagnos Ansicht muss es als sogenanntes Fluchtgut gelten.[47] Dies wird von der Bührle-Stiftung zurückgewiesen.[48] Sie gibt zwar zu, dass die Provenienz nicht lückenlos geklärt sei. Das Bild sei aber 1947 in den USA unter Angabe seiner Provenienz gehandelt worden – eine Behauptung, die indes nicht belegt ist. Genauso wenig weiß man, in welcher Galerie Nathan den Cézanne erworben hatte und zu welchem Preis. Er bot das Kunstwerk Emil G. Bührle an, der es im September 1947 für 25 000 Schweizer Franken erstand. Käme das Gemälde heute auf den Markt, brächte es wohl einen hohen ein- bis zweistelligen Millionenbetrag ein. Gemäß der stiftungseigenen Provenienzrecherchen gehört »Paysage« in die Kategorie A; das heißt, die Herkunft des Gemäldes sei vollständig geklärt und unproblematisch.

Über seine Herkunft erfährt man auf der Website der Stiftung Folgendes: 1926 oder 1927 sei »Paysage« im Luzerner Ableger der Galerie Bernheim-Jeune und Cie. von einem gewissen Berthold Nothmann erworben worden. Zwanzig Jahre später, am 10. August 1947, habe sich dessen Witwe Martha Nothmann in einem Brief an den bekannten Winterthurer Kunstsammler Oskar Reinhart gewandt; sie habe geglaubt, dieser habe den Cézanne gekauft. Die entscheidende Stelle dieses Briefs wird wie folgt wiedergegeben: »Wir waren gezwungen, 1939 Deutschland zu verlassen, konnten aber alle unsere Bilder mitnehmen. In der Zeit lebten wir vom Verkauf unserer Bilder. Mein Mann starb leider vor 5 Jahren.«

Ein Gang ins Archiv der Sammlung Oskar Reinhart »Am Römerholz« in Winterthur zeigt indes, dass der auf Deutsch geschriebene Brief auf der Webseite erstens falsch zitiert wird und zweitens sinnentstellend ins Englische übersetzt wurde. Martha Nothmann schreibt nicht, dass sie »alle« Gemälde mitgenommen hätten. Und auch nicht, dass sie »in der Zeit«, also beim nicht näher bezeichneten, erzwungenen Verlassen Deutschlands, vom Gemäldeverkauf lebten, sondern »seit der Zeit«. Der Wortlaut aus dem Brief vom 10. August 1947 lautet korrekt: »Wir waren gezwungen, 1939 Deutschland zu verlassen, konnten aber unsere Bilder mitnehmen. Seit der Zeit leben wir vom Verkauf unserer Bilder.«

Nun sind die Provenienzergebnisse auf der – ansonsten deutschsprachigen – Website der Bührle-Stiftung ausschließlich in englischer Sprache wiedergegeben; Ausnahme sind direkte Zitate wie das obige. In der englischen Zusammenfassung der deutschen Quelle heißt es: »when they left Germany in 1939«. So wird aus dem erzwungenen Verlassen Deutschlands eine banale Ausreise der Nothmanns.

Einen beträchtlichen Teil seiner Sammlung hatte Bührle auf dem transatlantischen Kunstmarkt erworben, der in der Nachkriegszeit boomte wie nie zuvor. Infolge der NS-Verfolgungs- und Beraubungspolitik gelangten ab 1933 Kunstobjekte in großer Zahl in die Vereinigten Staaten. Manche Sammlungen wurden von ihren Besitzerinnen und Besitzern ins Exil mitgebracht, andere wurden von Kunsthändlern und Galeristen durch oft unübersichtliche Kanäle geschleust. Kunstobjekte mit NS-verfolgungsbedingtem Hintergrund befinden sich daher heute oft in US-amerikanischen Museen oder Sammlungen. Wenn also Nachkommen derer, denen sie gehörten, etwa im Falle von Cézannes »Paysage« Internetrecherchen über dessen Verbleib anstellten, wäre die Provenienzforschung der Bührle-Stiftung ihre erste virtuelle Anlaufstelle.

Die Website funktioniert wie ein Filter, der die entscheidenden Sachverhalte zurückbehält. Durch den veränderten Wortlaut entsteht der falsche Eindruck, Bilder aus der Sammlung Nothmann seien einzig im Exil verkauft worden. Damit wären sie in ihrer Herkunft unproblematisch – zumindest aus Sicht der Bührle-Stiftung, die Verkäufe aufgrund antisemitischer Verfolgung als unbedenklich deklariert.

In der Bührle-Sammlung findet sich noch ein weiteres Werk aus der Sammlung Nothmann. Cézannes »Paysage du Nord / Auverse sur Oise«[49] kam aber bereits 1937 in Bührles Besitz, also zwei Jahre bevor die Nothmanns nach London fliehen mussten. Das Gemälde ist nicht Teil der Auswahl, die ins Kunsthaus zieht. Es bleibt in der Privatsammlung der Bührle-Nachkommen vor der Öffentlichkeit verborgen.[50] Die Raubkunstdatenbank »Lost Art« hat es jedoch zur Suche ausgeschrieben.[51] Aktuelle Forschungsergebnisse aus Deutschland zeigen, dass die Sammlung Nothmann in zwei Etappen aufgelöst wurde, erst in Deutschland, dann im Exil.

In bisher einem Fall wurde ein Gemälde aus der Sammlung Nothmann restituiert. Ein Selbstbildnis des deutschen Malers Wilhelm Trübner von 1876 wurde 2011 an die Erben Berthold Nothmanns zurückgegeben und von diesen danach verkauft. Nothmann hatte es im März 1939 – also unmittelbar vor der Flucht – an Karl Buchholz verkauft. Dessen Galerie war mit der ökonomischen Verwertung von Kunstwerken beauftragt, die von den Nationalsozialisten beschlagnahmt worden waren. Danach ging das Selbstporträt an Wolfgang Gurlitt und von dort in Privatbesitz. Die Transaktion Nothmanns vom März 1939 gilt als Zwangsverkauf.[52] Ob solche Verkäufe nun in Nazideutschland oder in England oder einem anderen Land erfolgten – der Grund war immer derselbe, die Verfolgung der Nothmanns als Juden.

Ein weiteres Gemälde von Wilhelm Trübner, »Junger Priester die Monstranz haltend« (ca. 1881), befindet sich seit 2018 im Besitz des Kurpfälzischen Museums der Stadt Heidelberg. Zuvor gehörte es dem renommierten Rechtsprofessor Erik Jayme. Während der Vorbereitungen zur Schenkung erfuhr Jayme, dass das Objekt ebenfalls aus der Wolfgang-Gurlitt-Sammlung stammte und zuvor Teil der Sammlung Nothmann gewesen sein muss. Es sei denkbar, so Jayme, dass die Nothmann-Erben einmal Ansprüche auf das Trübner-Gemälde erheben würden.[53]

Zeit also, die Perspektive umzudrehen und die Geschichte vom Verkauf von Cézannes »Paysage« aus der Sicht von Martha und Berthold Nothmann zu erzählen.

Flucht in die Armut

Berthold Nothmann wurde 1865 im oberschlesischen Langendorf, dem heutigen Wielowieś in Polen, als viertes von neun Kindern geboren. Sein Vater, Heimann Nothmann, war ein mittelloser Klempner, Dachdecker und Gastwirt, verheiratet mit der früh verstorbenen Amalie Nothmann, geborene Riesenfeld. In seinen unveröffentlichten Memoiren von 1936 blickt Nothmann in die jüdisch-deutsche Welt seiner Kindheit zurück, die von den Nationalsozialisten in den kommenden Jahren vollkommen ausgelöscht werden sollte.[54] Er hält die Bräuche, Riten und Familienfeiern fest, die ihn mit seiner Familie und der jüdischen Gemeinde seines Dorfs verbunden hatten. Später aber habe er sich, schreibt Nothmann, freigemacht von diesem Kultus. Im Sog der anbrechenden Moderne ließ er das Judentum, wenigstens das praktizierte, hinter sich.

Eigentlich wollte Nothmann Maler werden, doch hätten ihn die Umstände in eine andere Richtung gezwungen. In Breslau ging er in die Lehre und wurde Kaufmann. 1887 trat er in die Firma S. Huldschinsky und Söhne in Gleiwitz ein. Als der Stahlproduzent im Jahr darauf seinen Geschäftssitz nach Berlin verlegte, zog Nothmann mit. Im Sommer 1894 heiratete er Martha

Bender, die er kurz zuvor kennengelernt hatte. Man erfährt in seinen Memoiren wenig über sie.

Berthold Nothmann gelang in der Folge ein beachtlicher sozialer Aufstieg in der Schwerindustrie. Damit verbunden war, dies ist auch aus zahlreichen anderen jüdischen Selbstzeugnissen dieser Zeit bekannt, die Hoffnung auf »Assimilation«, also darauf, ganz in die deutsche Gesellschaft aufgenommen zu werden. Ein Traum allerdings, der, wie Nothmann in seinem Lebensbericht von 1936 schreibt, nun ausgeträumt sei. Im Jahr zuvor waren die antisemitischen Nürnberger Gesetze erlassen worden. Mit ihnen begann, was der Historiker Saul Friedländer »die Einkreisung« nennt.[55] Seinem Rausschmiss als Mitglied des Vereins deutscher Eisenhüttenleute kam Nothmann mit einem höflichen Brief an den Vorstand zuvor. Er zog sich endgültig aus dem zurück, was einst sein Berufsleben gewesen war.

Den letzten und längsten Teil seiner Autobiografie widmet Berthold Nothmann der Kunst. Mit dem ernsten Spott des seinem Objekt der Begierde hoffnungslos Verfallenen beschreibt er, wie aus einer unglücklichen Liebe eine glückliche geworden sei. Sein Wohlstand hatte es ihm und seiner ebenfalls kunstbegeisterten Frau ermöglicht, sich zu geschmackssicheren Käufern zu entwickeln. Die halbe Welt bereiste das kunstversessene Ehepaar, durchstreifte Galerien, versuchte sein Glück auf Auktionen und besuchte Künstler in ihren Ateliers. Mitte der zwanziger Jahre besaßen die Nothmanns eine beachtliche Sammlung, die einen lockeren

Bogen vom 19. ins noch frische 20. Jahrhundert schlug. Immer größer wurde auch der deutsch-französische Künstlerkreis, in dem sie sich bewegten. Insbesondere der Maler Max Liebermann wurde von Nothmann verehrt. Auch den Bildhauer Arno Breker unterstützte er über viele Jahre großzügig, ehe sich Breker zum Staatskünstler des »Dritten Reichs« machen ließ und 1937 über Nacht alle seine jüdischen Freundschaften vergaß.[56]

In diese Zeit fallen die ersten Kunstverkäufe der Nothmanns. Die einst umfangreiche, auch öffentlich ausgestellte und viel gelobte Sammlung fing an, sich aufzulösen. Immer stärker wurde der Druck des NS-Regimes, der auf allen jüdischen Deutschen lastete. Nach dem Novemberpogrom 1938 (»Reichskristallnacht« genannt) setzte die letzte große jüdische Fluchtbewegung aus NS-Deutschland ein. Als Martha und Berthold Nothmann sich 1939 nach London aufmachten, »verließen« sie Deutschland nicht, wie es in den dürren Provenienzangaben der Bührle-Stiftung heißt, – sie retteten ihr nacktes Leben. Danach blockierte der Krieg die letzten sicheren Wege aus dem NS-Staat.

Wären die Nothmanns in Berlin geblieben, wären sie bald von den Massendeportationen erfasst worden, die dort im Oktober 1941 begannen. Die Hauptstadt sollte »judenfrei« gemacht werden. Die ersten Züge gingen nach Łódź, Minsk, Kowno oder Riga, im Jahr danach fuhren alle direkt nach Auschwitz. Wären die Nothmanns früh deportiert worden, hätte die SS sie als

»Reichsjuden« entweder zur Arbeit gezwungen oder, angesichts ihres Alters, weiter nach Minsk oder Riga deportiert. Dort wurden Tausende sowjetische Juden und Jüdinnen erschossen, nur um in den eilig errichteten und überfüllten Lagern vorübergehend Platz für »Reichsjuden« zu schaffen. Das Zögern dauerte nur kurz, dann wurden auch jüdische Deutsche systematisch ermordet. Bis Ende November 1941 wurden allein vom berüchtigten Einsatzkommando 3 133 346 Jüdinnen und Juden erschossen.[57] Die »Endlösung« hatte begonnen. Martha und Berthold Nothmann wären ihr schutzlos ausgeliefert gewesen.

Ihre Flucht rettete sie, war aber finanziell ruinös. Denn der NS-Staat setzte diverse steuerliche Beraubungsinstrumente ein, um die wirtschaftliche Existenz der jüdischen Deutschen zu vernichten, angefangen bei der Reichsfluchtsteuer. Ursprünglich war sie zur Bekämpfung der allgemeinen Kapitalflucht als Folge der Weltwirtschaftskrise 1931 erlassen worden. Die Nationalsozialisten schmiedeten den Erlass dann zum antisemitischen Gesetz um: 25 Prozent ihres Vermögens mussten Jüdinnen und Juden dem NS-Staat überschreiben, wollten sie ihren Wohnsitz ins Ausland verlegen. Für das Steuerjahr 1938/39 – in dieser Zeitspanne flohen die Nothmanns aus Deutschland – machen die Erträge aus dieser Raubsteuer fast 88 Prozent der gesamten Vermögenssteuer in Deutschland aus. Dazu kamen noch weitere Zwangsabgaben, darunter die sogenannte Judenvermögenssteuer. Sie wurde nach den Novemberpogromen 1938 erhoben – als, wie es hieß, »Sühneleistung gegenüber dem deutschen Volk«.[58] Erst 20, später 25 Prozent ihres Gesamtvermögens zog der Staat dafür von den Jüdinnen und Juden ein.[59]

Diese antisemitischen Zwangssteuern dienten der beispiellosen Beraubung der jüdischen Deutschen durch den Staat. Sie führten auch dazu, dass schon vor dem Krieg Kunst- und Kulturgüter aus jüdischem Besitz in die riesigen Kunstsammlungen der NS-Spitze flossen. Konnten die Emigrantinnen und Emigranten die Abgaben nicht entrichten, wurde ihr Eigentum konfisziert.[60]

In London angekommen, setzten die Nothmanns alles daran, in die USA weiterzufliehen. Doch sie saßen fest. Offensichtlich war ihr Vermögen bereits so stark geschrumpft, dass ihnen keine rasche Visaerteilung zufiel. Auch Empfehlungsschreiben halfen nichts: Die Nothmanns wollten sich unbedingt in den Vereinigten Staaten niederlassen. Als ihr Fürsprecher wandte sich am 18. Mai 1939 der Vorsitzende der Stewarts-and-Lloyds-Röhrenfabrik ans amerikanische Generalkonsulat. Herr Nothmann, steht im Brief, »braucht unbedingt ein Visum. Sein dringender Wunsch ist es, nach Amerika zu gehen, um dort dauerhaft leben zu können.«[61] Das Schreiben blieb ohne Wirkung.

Aus Monaten im Transitland England wurden Jahre. Das Ehepaar lebte in einem Mehrfamilienhaus in Cricklewood, dem im Norden der Stadt gelegenen, ländlich geprägten Teil Londons. Dort verstarb Berthold

Nothmann am 29. Januar 1942 unter unbekannten Umständen im Alter von 76 Jahren.[62] Mitte Mai wurde Martha Nothmann das Visum erteilt, die daraufhin allein in die USA ausreiste. Zu dem Zeitpunkt war sie 68 Jahre alt. Auf eine Rente konnte sie nicht hoffen, und an Arbeit war angesichts ihres Alters nicht mehr ernsthaft zu denken.

Fünf Jahre später, am 10. August 1947 wandte sich Martha Nothmann in einem Brief an den bekannten Winterthurer Sammler Oskar Reinhart – es ist der Brief, den die Bührle-Stiftung in ihrer Provenienzforschung verfälscht zitiert. Sie habe gehört, schreibt die Witwe, dass ihr zuletzt verkauftes Gemälde, eine Landschaftsstudie von Cézanne, an Reinhart gegangen sei. Ein Irrtum, denn der Kunsthändler Fritz Nathan hatte es erworben und danach an Emil G. Bührle weiterveräußert. Zum Zeitpunkt, da sich Martha Nothmann an Reinhart wandte, wohnte sie in Untermiete bei einer Miss Hamilton im kleinen Dorf Stamford in den Catskills, nördlich von New York City. Heute breiten sich in dieser weitläufigen Hügellandschaft die Zweitwohnsitze vermögender Städter aus; damals war es eine Armeleutegegend. Seit der Jahrhundertwende hatten sich dort jüdische Familien niedergelassen, die auf der Flucht vor dem in Europa erstarkenden Antisemitismus waren.[63]

Vorsichtig fragte Martha Nothmann Reinhart, ob er vielleicht Interesse an weiteren Gemälden habe. Sie fügte eine kleine Liste bei und erwähnte die unschönen

Erfahrungen, die sie mit Kunsthändlern und deren Provisionen gemacht habe. Darum versuchte sie, die letzten Gemälde aus der Sammlung ihres Mannes nun in Eigenregie zu verkaufen. »Entschuldigen Sie bitte, dass ich so direkt an Sie zu schreiben wage, aber die Zeiten sind zu hart. Wir hatten uns unser Lebensende auch einmal anders vorgestellt.«[64]

Ob Fritz Nathan, der das Cézanne-Gemälde 1947 in New York aufgestöbert hatte, etwas von dessen Herkunft aus der Sammlung Nothmann wusste? Weiter irritiert hätte Nathan, der selbst aus einer jüdischen Familie kam, die Kenntnis davon wohl kaum. Zwar habe er es vermieden, mit geraubten oder abgepressten Kulturgütern zu handeln – er war aber regelmäßig in den Transfer und Verkauf von sogenanntem Fluchtgut verwickelt.[65] In seiner Autobiografie beschreibt Nathan seine Streifzüge durch die New Yorker Galerienwelt kurz nach dem Kriegsende. Zwar hätte er schon gewusst, dass die Stadt infolge der, wie er sich ausdrückt, Ereignisse seit 1933 zum Kunsthandelszentrum der Welt geworden sei. Doch das schiere Ausmaß dessen, was er dort an zum Verkauf angebotenen Kunstobjekten angetroffen habe, hätte alles von ihm je Gesehene übertroffen. Und ihn auch abgestoßen – »noch nie war ich von einer solchen Anhäufung derartig degoutiert«.[66] In derart unüberschaubarer Dichte hingen die Gemälde in den Galerien wild durcheinander, dass es »fast als skurrile Laune eines Kollektomanen« gewirkt habe. Entsprechend groß sei der Ansturm vermögender

Zwischenhändler und Sammler gewesen. Es sei schwierig gewesen, überhaupt eine Erlaubnis zur Besichtigung zu bekommen. Und in dieser Goldgräberstimmung soll das Gemälde unter Angabe seiner Provenienz gehandelt worden sein? Das allerdings behauptet die Bührle-Stiftung ohne jeden Beleg.

Der Weg des Cézanne-Gemäldes kam mit dieser Transaktion langsam an sein, wenigstens vorläufiges, Ende. Wieviel Fritz Nathan dafür bezahlt hat, ist genauso unbekannt wie die Höhe der Provision für die Galerie. Wie hoch mag der Erlös für Martha Nothmann gewesen sein? Er dürfte nur einem Bruchteil der 25 000 Schweizer Franken entsprochen haben, die sich Emil G. Bührle das Gemälde im September 1947 hat kosten lassen.

An Oskar Reinhart schrieb Martha Nothmann 1947: »Da wir, ein kinderloses Ehepaar, unsere Bilder wie Kinder liebten, freue ich mich unendlich, dass eines unserer ›Kinder‹ in ein so schönes Heim gekommen ist.«[67] Es ist unbekannt, ob Martha Nothmann je erfahren hat, dass dieses »Kind« nicht an Oskar Reinhart, sondern an den Waffenproduzenten im Dienste NS-Deutschlands, Emil G. Bührle, gegangen ist.

Die Bührle-Provenienzforschung stellt die Herkunft dieses Gemäldes als gänzlich unbedenklich dar. Rechtlich mag dies zutreffen: Die Umstände, die es von der Sammlung Nothmann zu Bührle und von dort ins Kunsthaus Zürich führten, fallen in die Lücken, die das Gesetz lässt. Doch ist die Provenienz damit unproblematisch? In historischer Perspektive lässt sich, wie gesehen, nicht bestreiten, dass die Sammlung Nothmann ausschließlich unter dem Druck der nationalsozialistischen Judenverfolgung aufgelöst worden ist – erst in NS-Deutschland selbst, später unter den Bedingungen der Flucht vor dem Regime und schließlich vor dem Hintergrund der Zerstörung der wirtschaftlichen Existenz des Ehepaars Nothmanns.

Aus Sicht der Opfer des NS-Regimes spiele es keine Rolle, ob ihre Kunstwerke beschlagnahmt wurden oder verkauft werden mussten, um die Flucht vor dem Nazi-Terror zu finanzieren. Der Jurist und Raubkunstexperte Andrea Raschèr schreibt: »So oder so verloren die Eigentümer das Kulturgut unter Zwang und nicht freiwillig.«[68] In welchem Land die Kunstverkäufe von den als jüdisch Verfolgten erfolgt seien, sei dabei irrelevant. Immerhin habe auch die Schweiz die Erklärung von Terezín von 2009 unterzeichnet. Wie ausgeführt, wird darin festgehalten, dass zum NS-bedingten Kulturgüterverlust auch Objekte zu zählen sind, die außerhalb des direkten deutschen Einflussbereichs in einer Notlage verkauft worden sind. Nun, da die Sammlung Bührle als Depot in einem öffentlichen Museum verwertet wird, stellt sich auch die historische Verantwortungsfrage neu.

Dass die Sammlung Bührle daran nicht interessiert ist, hat sie oft genug bewiesen. Auch die Zitate aus dem Brief von Martha Nothmann hat sie auf ihrer Website nicht korrigiert. Wie in anderen Fällen bewegt man sich auch hier keinen Millimeter – wie etwa 2015 nicht, als entsprechende Vorwürfe, die meisten sind klar dokumentiert, im *Schwarzbuch Bührle* erhoben wurden. Und was sagte die Stiftung Sammlung E. G. Bührle dazu? Es sei problemtisch, teilte sie in einer Pressemitteilung mit, wenn im Zusammenhang mit sogenannter Fluchtkunst »heute im Kunsthandel gültige Standards ganz selbstverständlich auf die damalige Zeit übertragen werden«.[69]

Die kompromisslose und jede Verantwortung ablehnende Haltung der Bührle-Stiftung zeigt sich in einem weiteren Fall. Er betrifft das Gemälde »Champ de coquelicots près de Vétheuil« von Claude Monet, das einst dem Hamburger »Kaufhauskönig« Max Emden gehörte.[70] Emden hatte sich schon vor dem Machtantritt der Nationalsozialisten in der Schweiz, im Tessin, niedergelassen; 1934 war er Schweizer Staatsbürger geworden. Seine sich noch in Deutschland befindenden Besitztümer verleibte sich der NS-Staat sukzessive ein. 1940 starb er, herzkrank und verbittert. Nach seinem Tod wurde auch noch seine Tessiner Kunstsammlung aufgelöst. So ging besagtes Monet-Gemälde an den Kunsthändler Walter Feilchenfeldt, der es 1956 an Emil G. Bührle weiterverkaufte. Die Nachkommen von Max Emden traten 2012 mit der Bührle-Stiftung in Kontakt, um mit ihr über das heute sehr wertvolle Gemälde in Verhandlungen zu treten. Die Stiftung war dazu aber nicht bereit, da Emden sich in keiner finanziellen Notlage befunden habe. Eine Interviewanfrage für einen Dokumentarfilm über die Verfolgung der Familie Emden beantwortete die Bührle-Stiftung wie folgt: »Wir sehen keinen Grund, in Erscheinung zu treten, wenn die Not des Zweiten Weltkriegs am Beispiel der Familie Emden behandelt wird, die Krieg und Verfolgung bekanntlich unter sehr komfortablen Bedingungen entging.«[71] Die rechtliche Auseinandersetzung um das Gemälde mit der Bührle-Stiftung dauert an.[72]

3. Die zukünftige Erinnerung

Die Kunstwerke der Sammlung Bührle hätten noch lange in ihrem kleinen Privatmuseum weiterschlummern können. Doch je höher ihre Bewertung auf dem Kunstmarkt stieg, umso stärker wurde der Druck, sie aus der familiären Umklammerung und den prekären Konservierungs- und Sicherheitsbedingungen in der Stadtperipherie zu lösen.

Zum »kulturellen Vermächtnis von Weltrang«[1] ist sie erst im 21. Jahrhundert geworden. Seither wird mit Superlativen wie diesem um die Publikumsgunst geworben. Die Investitionen waren hoch, die Erwartungen an den Kassenerfolg sind es ebenso. Damit sind die Risiken neu verteilt. Die laufenden Kosten übernimmt – wenigstens für die nächsten zwanzig Jahre – die öffentliche Hand. Im Gegenzug repräsentiert die Sammlung Bührle nun die Stadt Zürich.

Für ihre Umbettung musste die Sammlung Bührle von der Geschichte befreit werden. Nicht durch ihr Verschweigen, sondern durch das Erzählen einer zurechtgelegten Entstehungsgeschichte. Eine solche Kunstsammlung macht ein Museum einzigartig. Und nichts verspricht auf dem Kunst- und Museumsmarkt und im Standortwettbewerb mehr Erfolg als die Produktion von Einzigartigkeit.

Es gibt in der Schweiz keine zweite Kunstsammlung, die als so stark historisch belastet gilt wie diese. Kein Name war in der hiesigen Erinnerungskultur über Jahrzehnte derart exponiert wie Bührle. Sein Name war geradezu ein Synonym für die wirtschaftlichen Verflechtungen des Landes mit dem NS-Staat sowie für neutralitätswidrige, zum Teil widerrechtliche Waffenexporte in die Hotspots des Kalten Kriegs. Dasselbe lässt sich bei der NS-Raubkunst sagen. Kein anderer Schweizer Sammler scheint derart tief in den nationalsozialistischen Kunstraub involviert gewesen zu sein wie Bührle.

Selbstverständlich sind solche Personalisierungen problematisch. Nicht nur missachten sie die vielschichtigen Zusammenhänge, innerhalb deren agiert wurde, im Fall Bührle vernebelt die Personalisierung auch die Frage danach, wie eine Skala der historischen Verantwortung heute aussehen könnte. Doch kommen Erinnerungskulturen nie ohne Personalisierungen aus.

So bleibt es erstaunlich und erklärungsbedürftig, wie die Sammlung Bührle in den öffentlichen Raum einer rot-grün regierten Stadt wie Zürich überführt werden konnte. Verblasst die Erinnerung an die NS-Zeit gerade jetzt, wo auch die letzten Zeitzeuginnen und

Zeitzeugen sterben? Oder wird im Gegenteil einfach zu viel erinnert, spielt die Erinnerungskultur doch nicht die wichtige Orientierungsrolle am Schnittpunkt zwischen Gegenwart und Vergangenheit, die ihr zugeschrieben wird? In welchem Verhältnis stehen Erinnerungskultur und neoliberale[2] Standortpolitik?

Es ist unmöglich zu sagen, wie die zukünftige Erinnerung rund um den Bührle-Komplex aussehen wird. Ob davon am Schluss nichts anderes als eine Kunstsammlung und ein unangenehmer Rest von Geschichte in einem vielleicht gut besuchten Kunstmuseum übrig bleibt.

Der lange Weg zur Erinnerungskultur

Plurale und umstrittene Geschichtsbilder gehören zu jeder Demokratie, also öffentlichkeitswirksame Vorstellungen davon, was in der Vergangenheit geschehen ist und wie sich dies mit der Gegenwart verknüpft. Selten wird dabei um historische Fakten als solche gestritten. Uneinigkeit besteht vielmehr darüber, wie historische Ereignisse besonderer Tragweite einzuordnen, zueinander in Bezug zu setzen sind – kurz, wie sie zu verstehen sind.[3] Vergangenheit wird so zu einem Modus, Gegenwart zu begreifen.

Geschichtsdebatten werden immer durch konkrete Anlässe ausgelöst, die ein neues Verständnis der Vergangenheit einfordern. »Meistens erinnere ich mich, weil die anderen mich dazu antreiben, weil ihr Gedächtnis dem meinen zu Hilfe kommt, weil meines sich auf ihres stützt«,[4] schreibt Maurice Halbwachs in seinem 1925 erstmals publizierten Buch *Das Gedächtnis und seine sozialen Bedingungen*, einer Soziologie des kollektiven Erinnerns. Sein Untersuchungsmodell ist das Familiengedächtnis, die kleinste Einheit dessen, was er kollektives Gedächtnis nennt. Kollektivgedächtnisse übernähmen die Funktion, über geteilte Erinnerungen Gemeinschaften zu stabilisieren. Neu an seinen Überlegungen war, dass sie, wie es der Historiker Lutz Niethammer formuliert, kollektives Gedächtnis anstelle von individuellem Bewusstsein setzen, ja, dieses zu einem bloßen »Teilbereich des Gedächtnisses«[5] reduzieren. Dem Gedächtnis kommt nach Halbwachs die Aufgabe eines ständigen Abgleichens zwischen dem Erinnern und Vergessen einzelner Menschen und der Gesellschaft zu – für Niethammer ist dies ein Vorläufer heutiger Identitätskonstruktionen.[6]

Halbwachs' Schriften wurden lange nach seinem Tod[7] wiederentdeckt und erfuhren erst in den letzten beiden Jahrzehnten des 20. Jahrhunderts eine starke kulturwissenschaftliche Resonanz. Deutlicher rückte ins Blickfeld, dass »geteilte« Erinnerungen nicht bloß gemeinsame, sondern auch teilende Erinnerungen sind. Kollektive grenzen sich voneinander unter anderem als Erinnerungsgemeinschaften ab. Zuletzt konnte die globalisierte Mediengesellschaft Zeugin solcher Erinnerungskämpfe werden, als 2020 im Zuge der

Black-Lives-Matter-Bewegung gegen rassistische Polizeigewalt in den USA Statuen und Monumente von Sklavenhaltern gestürzt wurden. Den Nachgeborenen waren die einst ehrfürchtig in Stein gehauenen Erinnerungsobjekte zu »Mahnmalen des Widerspruchs«[8] geworden.

In der Schweiz waren die Verstrickungen des Landes in Kolonialismus und Sklavenhandel gegen Ende des 20. Jahrhunderts zunächst nur zögerlich in den Fokus historischer Forschung gerückt.[9] Eine neue Dynamik auf diesem Feld setzte 2003 ein. Sie berührte auch die Vergangenheit der Stadt Zürich respektive die mächtige Familie Escher, die im frühen 19. Jahrhundert auf Kuba eine Kaffeeplantage mit rund achtzig Sklavinnen und Sklaven besessen hatte. 2017 führte dies zu einem politischen Vorstoß der Sozialdemokratischen Partei und der Alternativen Liste. Gefordert wurden weitere Abklärungen zur Verwicklung der Familie Escher in die Sklaverei sowie »die Prüfung einer möglichen Sichtbarmachung der Erinnerung«[10] an deren Plantage. Die Folge war ein vom Historischen Seminar der Universität Zürich durchgeführtes Forschungsprojekt. Finanziell noch knapper dotiert als der zeitgleich laufende Forschungsauftrag zu Bührle, konnte derjenige zur Familie Escher und zum Sklavenhandel immerhin frei von politischer Einmischung arbeiten.

Die politische Macht der Eschers im 19. und die ökonomische Macht der Bührles im 20. Jahrhundert – beide Familiendynastien hinterließen deutliche Spuren weit über die Limmatstadt hinaus, und beide waren verstrickt in Sklavenarbeit, die Eschers im kolonialen, die Bührles im nationalsozialistischen Kontext. Werden sich an dieser Schnittstelle Formen einer »multidirektionalen Erinnerungskultur«[11] herausbilden?

Dass wir uns heute überhaupt so intensiv mit Vergangenheit als einer »Geschichte der Gegenwart« (Michel Foucault) befassen, ist die Folge tiefgreifender Veränderungen. Seit dem *memory boom*[12] der achtziger und neunziger Jahre ist die verbreitete Beschäftigung mit der Vergangenheit nicht mehr Privileg einiger weniger akademischer Expertinnen und Experten. Nach der Kulturwissenschaftlerin Aleida Assmann haben sich seither die »Pluralisierung und Intensivierung der Zugänge zur Vergangenheit«[13] enorm gesteigert. Heute sind die traditionellen Meistererzählungen obsolet, die Perspektiven auch auf europäische Geschichte entscheidend erweitert und die historischen Deutungsangebote enorm vielfältig geworden.[14]

Für den Historiker Jay Winter liegt dieses neue Geschichtsverständnis nicht zuletzt im demografischen Wandel begründet. Mit dem Ende des Zweiten Weltkriegs sei nämlich die »Nachfrage nach kulturellen Werten«[15] geradezu explodiert. Umrahmt von politischen Programmen zur Steigerung des allgemeinen Wohlstands und der sozialen Sicherheit, wuchs auch die Zahl an Hochschulabgängerinnen und -abgängern stetig an. Damit wurde historisches Wissen nicht mehr bloß in den privilegierten Schichten angereichert, sondern zirkulierte nun gesamtgesellschaftlich. Verstärkt wurde dies durch die »kulturelle Revolution« der langen sechziger Jahre,[16] während deren Bildungsinhalte nachhaltig popkulturell politisiert wurden. Zu ihnen gehörte die Beschäftigung mit Kriegen und Unrechtssystemen der Gegenwart, die damals oft in einer behaupteten Kontinuität des Nationalsozialismus gesehen wurden, während Letzterer wiederum als ultimative Steigerung des Kapitalismus galt.[17] Die Mitte der siebziger Jahre eintretende, tiefgreifende Transformation hätte ohne technologischen und medialen Wandel nicht stattgefunden, also erst mittels elektronischer Medien wie Fernsehen und Video, danach durch die Digitalisierung mit ihren Informations- und Speichertechnologien und, längst alltäglich geworden, dem Internet.[18]

In diesen Kontext gehört auch der schillernde Begriff der Erinnerungskultur. Seit Ende des 20. Jahrhunderts habe sich diese, so Aleida Assmann, völlig umgeformt. Assmann spricht von einer »ethische[n] Erinnerungskultur«,[19] wie sie zuvor nicht existiert habe, und meint damit einen radikalen Wandel im Geschichtsbewusstsein. Heute stehen in öffentlichen Auseinandersetzungen um historische Staats- und Gesellschaftsverbrechen wie Krieg oder Völkermord die Perspektiven der Opfer als Selbstverständlichkeit im Vordergrund. Dass Kriegsopfer als »Chiffre für illegitime Gewalt« gesehen werden, ist gemäß der Historikerin Svenja Goltermann jedoch keine historische Konstante, sondern Folge einer langfristigen Wahrnehmungsveränderung.

Immer wieder sei die Geschichte der Opfer mit humanitären Anliegen verbunden gewesen, aber ebenso mit der Legitimation von Gewalt und der Ausübung von Macht.[20]

Neu an der Erinnerungskultur war, dass der Film dem Buch die Rolle als Leitmedium streitig machte. Etwa für die dauerhafte Implementierung des Namens Bührle in die kritische Erinnerungskultur der Schweiz war das Medium Film von größter Bedeutung.

Am Beginn eines auf die jüdischen Opfer des Nationalsozialismus gerichteten Erinnerungszeitalters steht die Ausstrahlung von *Holocaust,* einer US-amerikanischen TV-Serie, im Januar 1979 im Westdeutschen Fernsehen. Sie löste eine nachhaltige Irritation und »emotionale Erschütterung« aus, wie sie in Bezug auf dieses Thema in Deutschland und auch Österreich zuvor unbekannt gewesen war.[21]

In der Schweizer Presse waren die deutsche Erstausstrahlung und der »Holocaust-Schock«[22] genau registriert worden, doch blieb die Resonanz zunächst beschränkt. Erst als das Schweizer Fernsehen die Serie vier Monate später ebenfalls ausstrahlte, begleitet von weiteren TV- und Radio-Produktionen zum Thema Nationalsozialismus und Antisemitismus in der Schweiz, löste *Holocaust* ähnlich starke Reaktionen in der Schweiz aus – »›Holocaust‹ ist über uns gekommen«,[23] titelte die *Neue Zürcher Zeitung* 1979. Über das Feuilleton hinaus schlug die Serie ein. Mit seiner personalisierten Erzählweise – der Vierteiler folgt der fiktiven Familie Weiss Schritt für Schritt in die »Endlösung« – und einer Zuschaltquote von 38 Prozent drang er tief ins öffentliche Bewusstsein ein. Im offiziellen Gedächtnis zeigten sich Lücken. Max Ammann, Leiter der Abteilung Dramatik im Schweizer Fernsehen, warf *Holocaust* in einer Diskussionssendung eine kommerzielle Ausschlachtung des Themas und die Explizitheit seiner Gewaltszenen vor. Am stärksten aber störte ihn die fehlende Kontextualisierung des Themas in der Schweiz, die doch eine Mitverantwortung trage.[24]

Bemängelt wurde immer wieder, dass allgemein so wenig bekannt sei über den Holocaust – ein Begriff, der sich in der Alltagssprache erst durch die gleichnamige Serie verankerte. Solche Stimmen waren schon in Deutschland zu vernehmen gewesen. Das Nachrichtenmagazin *Der Spiegel* behauptete in einer heftigen Polemik: »Selten ist einer Wissenschaft so drastisch bescheinigt worden, dass sie jahrzehntelang an den Interessen und Bedürfnissen der Öffentlichkeit vorbeigelebt hat.«[25]

In der Schweiz war der Film das Leitmedium der neuen Auseinandersetzung mit Geschichte. Mit diesen Anfängen war der Name Bührle untrennbar verbunden. Als kriegsverschonter Staat habe die Schweiz wohl zu den »Siegernationen« gehört, Heldengeschichten aber habe sie keine zu erzählen, schrieb der Filmhistoriker Martin Schaub.[26] Der neue Schweizer Film suchte seit Mitte der sechziger Jahre die Konfrontation mit dem sanft im Wohlstand entschlafenen Land. Keinem anderen Film gelang dies mit größerem Effekt als 1976 dem

Dokumentarfilm »Die Erschießung des Landesverräters Ernst S.« der Regisseure Richard Dindo und Niklaus Meienberg.[27] Erzählt wird vom kurzen Leben eines jungen Mannes aus prekären Verhältnissen, der während des Kriegs einem deutschen Agenten fünf, wie sich später herausstellte, militärisch wertlose Granaten verkauft hatte und dafür von der Schweizer Militärjustiz zum Tode verurteilt wurde. Als einer von insgesamt siebzehn sogenannten Landesverrätern wurde Ernst S. 1942 erschossen. Klassenjustiz sei dies gewesen, so die These des Films, während Emil G. Bührle ganz offiziell und im industriellen Ausmaß Kriegsmaterial ans NS-Regime habe exportieren können und andere teils eng mit ihm verbundene Politiker und Militärs den Anschluss an Nazideutschland suchten. Gegen Ende des Films ist die Stimme des einflussreichen Historikers Edgar Bonjour zu hören. Er stützt die These Meienbergs: So sei das halt, damals wie heute, die Kleinen hängt man, die Großen lässt man laufen.

Danach geisterte der Name Bührle durch zwei Spielfilme. Mit dem Export von Rüstungsmaterial während und nach dem Zweiten Weltkrieg beschäftigt sich 1983 der Film »Glut« von Thomas Koerfer. Darin finden sich Emil G. Bührle und sein Sohn Dieter in zwei Figuren verwandelt, den Waffenhändler und Kunstsammler François Korb und dessen Sohn Andres. Seinen Film wollte Koerfer zwar keinesfalls einfach als einen über die Familie Bührle verstanden wissen. »Wenn ›Glut‹ nur ein Film über diese Familie wäre, könnte sich die Schweiz nur zu schnell reinwaschen.«[28] Doch eigentlich gefalle es ihm, wenn das Publikum sich frage, ob Korb eigentlich Bührle sei. Die »Immoralität dieses Geschäftsgebarens« mache betroffener, wenn man auf das Land selbst blicke statt auf eine einzelne Familie.

In »Grauzone«[29] von Fredi Murer aus dem Jahr 1979 taucht Dieter Bührle als namenloser Direktor einer Waffenfabrik in Zürich-Oerlikon auf, der seine Angestellten bespitzeln und überwachen lässt. Hier sind die historischen Anspielungen weit zurückgefahren, Bührle dient bloß noch als Chiffre in einem dystopischen Zeichensystem. Alles geht hier ineinander über – Waffenproduktion, ein übermächtiger Kapitalismus, Hochtechnologie, Überwachung und Bespitzelung, Beton, Piratenradio, der Ausbruch einer geheimnisvollen Pandemie –, szenisch sorgsam eingebettet in eine Welt aus emotionaler Kälte, Vereinzelung, Langeweile und Entfremdung. Dass Bührle und der Bührle-Konzern für diesen Abgesang auf die Hoffnung auf eine andere, bessere Welt den Verweisrahmen abgeben, musste 1979 niemandem erklärt werden.

Einen wesentlichen Anteil an der starken Politisierung der Erinnerungskultur rund um Bührle hatte aber auch ein Buch, die 1981 erschienene *Bührle Saga*.[30] Die von einem Autorenkollektiv herausgegebene *Festschrift zum 75jährigen Jubiläum einer weltberühmten Waffenschmiede*, so der Untertitel, wurde mehrfach und jeweils mit neuem Untertitel wieder aufgelegt und ergänzt, zuletzt 2021. Ein polemisches, vom beißenden Spott seiner

Zeit getragenes Buch, auch der Geschichtswissenschaft und ihren bleiernen Fußnotenapparaten gegenüber. Zum ersten Mal schärfte es den Blick auf die langfädigen und ertragreichen Verbindungen zwischen Bührle'schem Waffenhandel, kulturellem Mäzenatentum und dem Sammeln von Kunst – und auf die politischen Abhängigkeiten, die solcher Reichtum an ökonomischem und symbolischem Kapital schafft.

Doch wie stabil sind Erinnerungskulturen? Heute sei doch niemand mehr verantwortlich für das, was vor achtzig, neunzig Jahren geschehen sei, erklärte der Journalist Gerhard Mack im Sommer 2021 unter dem Titel »Raus aus der Schuld-Neurose!«[31] in der *NZZ am Sonntag*. In Sachen Bührle-Sammlung sei Rechtssicherheit gefragt, da immer noch der moralische Druck aus den Vereinigten Staaten drohe. Geht es um Raubkunst, würden dauernd die Begrifflichkeiten ausgeweitet. Wo früher Gesetze herrschten, sei heute die gerade gängige Moral zum Maßstab geworden. Dabei lasse sich altes Leid nicht kompensieren, ohne neues Unrecht zu schaffen – diese Einsicht, die früher Grund zur Demut gewesen sei, werde heute einer selbstgerechten Moral geopfert. Doch der »imperialistische Beigeschmack wird übersehen«, dabei gelte doch bei Restitutionsdebatten: »There is no business like Shoa business«.

Hier werden beunruhigende Töne angeschlagen. Noch 2002 hatte die Historikerkommission, die im bundesrätlichen Auftrag die Rolle der Schweiz im Zweiten Weltkrieg erforschte, in ihrem Schlussband festgehalten, der Rückblick auf die Zeit des Nationalsozialismus und auf den Zweiten Weltkrieg werde immer problematisch bleiben, doch das »kulturelle Gedächtnis lässt gegenüber der Katastrophe des Holocaust keinen Schlussstrich zu«.[32] Es scheint, als hätte die Zuversicht, die Grundlage dieser scheinbar gültigen Einschätzung war, in den vergangenen zwanzig Jahren Risse bekommen. Einzig das jüdische Wochenmagazin *tachles* bezog Stellung, nannte den Text von Gerhard Mack eine »Schande« und machte auf den antisemitischen Hintergrund des »Shoa business«-Zitats aufmerksam.

Zweifelsohne haben sich die Ansprüche an einen verantwortungsvollen Umgang mit Raubkunst und historischem Unrecht verfeinert. Das hat wenig mit »selbstgerechter Moral« zu tun, sondern mit einer sich ausdifferenzierenden Erinnerungskultur.

Der Weg hierher indes war lang. Während der Dauer des Kalten Kriegs war das Behördeninteresse gering, die Rolle des Landes in den Jahren 1933 bis 1945 kritisch untersuchen zu lassen. Archive waren verschlossen,[33] im Land herrschte die wirkmächtige Erzählung vor, der Kleinstaat habe seine Neutralität und Unabhängigkeit während des Zweiten Weltkriegs dank seinem Wehrwillen gewahrt und sei ein Ort des Asyls, ein sicherer Hafen für die Schutzsuchenden gewesen.[34] Ein überwunden geglaubtes, heroisches Geschichtsidyll, das, wie gezeigt, der Bührle-Provenienzforschung dennoch als Grundlage diente.

Das Flick-Museum – ein geschichtspolitisches Lehrstück

Schon einmal geriet in Zürich eine Kunstsammlung mit der Geschichte in Konflikt. 2001 war bekannt geworden, dass der in der Schweiz lebende Unternehmer Friedrich Christian Flick am Escher-Wyss-Platz ein Museum plante. Die Entrümpelung des ehemaligen Industriegebiets war in vollem Gange. Alte Fabrikgebäude wurden entkernt und mit der Infrastruktur des 21. Jahrhunderts bestückt. Techfirmen und die Kreativindustrie zogen ein, Medienhäuser, Fitnessstudios, Clubs, Theater; neue Wohnungen wurden gebaut. Das schien der perfekte Standort für ein Museum zeitgenössischer Kunst aus der Sammlung Flick zu sein. Diskret war eine Immobilie erworben, mit Rem Koolhaas ein Stararchitekt für den Umbau der Lagerhalle zum Kunstmuseum gefunden worden. Ohne Kosten für die Öffentlichkeit: Am Ende hätte Friedrich Christian Flick die gesamte Finanzierung übernommen.

Doch dann stieß die *WOZ – Die Wochenzeitung* eine Debatte an. »Ein Privatmuseum mit dem Namen des deutschen Rüstungsfabrikanten, der im Nürnberger Kriegsverbrecherprozess wegen Sklavenarbeit, Ausplünderung besetzter Gebiete und seiner geschäftlichen Beziehungen zur SS zu sieben Jahren Haft verurteilt wurde, in der Bankenstadt Zürich?«[35]

Nicht die Herkunft der über zweitausend Kunstwerke sorgte für Aufregung – sie gilt als unproblematisch –, sondern der Name Flick. Friedrich Flick (1883–

1972) hatte in NS-Deutschland ein Firmenkonglomerat geführt, zu dem vor allem Rüstungsunternehmen gehörten. Etwa vierzigtausend Menschen, rund 42 Prozent der Flick-Belegschaft, waren Zwangsarbeiterinnen und Zwangsarbeiter gewesen.[36] Vom Flick-Enkel wurde darum gefordert, sich persönlich an der im Vorjahr in Deutschland gegründeten Stiftung »Erinnern, Verantwortung und Zukunft«, von der auch die Nachkommen von Zwangsarbeitern unterstützt werden, finanziell zu beteiligen. Doch Flick weigerte sich.

Lange hatte es gedauert, bis sich individuelle Entschädigungszahlungen an ausländische NS-Opfer durchsetzen konnten.[37] Erst unter dem Druck einer neuen globalen Öffentlichkeit – dazu gehören auch die bereits erwähnten Verhandlungen über die »Washingtoner Prinzipien« von 1998 – und nachdem Sammelklagen und Boykotte aus den USA drohten, schlossen sich die Nachfolger deutscher Großunternehmen, die von NS-Zwangsarbeit profitiert hatten, zur »Stiftungsinitiative der deutschen Wirtschaft« zusammen; dazu gehörten auch Firmen der ehemaligen Flick-Gruppe. Sie erklärten sich bereit, rund die Hälfte der zehn Milliarden Euro zu übernehmen, die zur finanziellen Wiedergutmachung[38] für noch lebende NS-Opfer und ihre Nachkommen gesprochen wurden, und zwar unter der Bedingung, dass diese Zahlungen kein Schuldeingeständnis darstellten und die USA künftig »Rechtssicherheit« garantierten. Dass also künftig keine US-Sammelklagen mehr ausgelöst würden.[39]

Für die Zürcher Stadtregierung geriet die Flick-Debatte zum Lehrstück im Umgang mit wertvollem Kunstkapital, das in den Sog erinnerungspolitischer Auseinandersetzungen gerät. Im März 2001, auf dem Höhepunkt der Kontroverse, erklärte der Zürcher Stadtrat, Flicks Museumspläne grundsätzlich zu begrüßen. Der »Ruf Zürichs als attraktive Kunststadt« werde damit gestärkt. Flicks Entscheidung, keine Gelder in den Zwangsarbeiterfonds einzuzahlen, respektiere die Stadtregierung; »an seiner Stelle hätten die Mitglieder des Stadtrates aber anders entschieden«.[40] Auch der sozialdemokratische Stadtpräsident Josef Estermann äußerte sich: Persönlich finde er es wichtig, dass die »Familie Flick die historische Verantwortung übernimmt und einen angemessenen Beitrag zur Entschädigung der Zwangsarbeiter des Dritten Reiches leistet«.[41]

Kurze Zeit darauf veröffentlichte die *WOZ – Die Wochenzeitung* unter dem Titel »Keine Kompensationsgeschäfte mit Kultur«[42] einen Appell, unterzeichnet von namhaften, vor allem deutschen Intellektuellen und Kulturschaffenden. Sie kritisierten Flicks Weigerung, sich nicht am Zwangsarbeiterfonds zu beteiligen, als verpasste Chance zu einer »Geste der Versöhnung«, zu einer »dauerhafte[n] Verständigung der Völker untereinander« und einem wichtigen Zeichen für die »kulturelle und gesellschaftliche Identität unserer Nation« (gemeint ist die deutsche Nation). Im geplanten Museum sahen sie einen »Ablasshandel«, der »zynisch und in hohem Maße schädlich für das Ansehen der deutschen Kunst und Kultur« sei.

Das geplante Flick-Museum für Zürich war in Konflikt mit der deutschen Erinnerungskultur geraten. Flick missbrauche, heißt es im Appell, durch seine Haltung den gesamten Prozess künstlerischen Schaffens. Er instrumentalisiere die Kunst und ihre Urheber, ohne dass diese sich zur Wehr setzen könnten. Gegen eine solche Sichtweise verwahrte sich der St. Galler Bildhauer und Konzeptkünstler Roman Signer, der in der Sammlung mit mehreren Werken vertreten ist und Flicks Refugium, eine Alphütte bei Gstaad, mit einer Raketenarbeit eingeweiht hatte. Kunst sei nicht keusch, sondern käuflich. »Die Zürcher sollen nicht so scheinheilig tun: Der Bührle-Saal im Zürcher Kunsthaus ist nach dem Krieg mit Waffengeldern bezahlt worden. Da klebt auch Blut dran.«[43]

Flick selbst wehrte sich zunächst. Gegen Vorwürfe, seine Kunstsammlung mit »Blutgeld« zusammengekauft zu haben, machte er darauf aufmerksam, das Kapital seines Großvaters sei nach Kriegsende zum Großteil »verloren gegangen«.[44] Der spätere Reichtum Friedrich Flicks habe sich auf das Restkapital gegründet, das von der alliierten Finanzaufsicht 1951 freigegeben worden sei. Sein Vermögen habe er, der Enkel, zu einem beträchtlichen Teil selbst erarbeitet, und als Privatperson sehe er keine Veranlassung, in den Zwangsarbeitsfonds einzuzahlen. Stattdessen wolle er ein zukunftsweisendes Zeichen setzen und habe deshalb die

»F. C. Flick Stiftung gegen Fremdenfeindlichkeit, Rassismus und Intoleranz«[45] gegründet, für die er zehn Millionen Deutsche Mark zur Verfügung stelle. »Ich glaube nicht daran, dass man Schuld erbt«, sagt der Enkel. »Aber ich glaube sehr wohl daran, dass man Verantwortung erbt.«[46]

Doch ein Flick-Museum für Zürich war nicht mehr zu realisieren. Zwei Jahre ließ der Unternehmer und Kunstsammler die Öffentlichkeit im Unklaren über seine Pläne, bis er im Januar 2003 verkündete, in Berlin einen neuen Standort gefunden zu haben. In Berlin erhielt Flick, anders als in Zürich, politische Rückendeckung. Ostentativ stellten sich der damalige Bundeskanzler Gerhard Schröder und der Regierende Bürgermeister Berlins, Klaus Wowereit, an die Seite des Sammlers und seiner Sammlung und begrüßten dessen Entscheidung, diese künftig in der Bundeshauptstadt auszustellen. Endlich werde, jubilierte das Nachrichtenmagazin *Stern* mit Blick auf die unrühmliche Geschichte der Familie Flick während des Kriegs, Schluss gemacht mit »vergangenheitsverhafteter Selbstkasteiung«.[47] Der Name Flick als Markenzeichen für ein Kunstmuseum in Berlin – das bedeutete für Christina Weiss, Staatsministerin im Bundeskanzleramt und Beauftragte der Bundesregierung für Kultur und Medien, dass sich nun »eine Wunde schließt, die die Nazizeit geschlagen hat«.[48]

Nun, da die Flick Collection in den Rieckhallen im Hamburger Bahnhof in Berlin einen vorläufigen Standort gefunden hatte, erklärte sich ihr Eigentümer zu einem wenigstens symbolischen Wiedergutmachungsbeitrag bereit. Friedrich Christian Flick zahlte fünf Millionen Euro in den Zwangsarbeiter-Fonds ein.

Mit der »bigotten Moralkeule« und einem »publizistischen Sperrfeuer«[49] sei Flick aus der Limmatstadt vertrieben worden, empörte sich die *Neue Zürcher Zeitung*. Man müsse sich fragen, welche Kunstsammlung das nächste Opfer einer ähnlichen Kampagne sein werde.

Es war klar, wer damit gemeint war, die Sammlung Bührle. Die Parallelen lagen auf der Hand, ein wegen Rüstungsgeschäften mit NS-Deutschland belasteter Name und dann noch eine Kunstsammlung, deren Verbindung zu NS-Geschäften nicht bloß indirekt besteht, sondern direkter nicht sein könnte. Damals war noch nicht bekannt, dass auch Bührle von NS-Zwangsarbeit profitiert hatte.

Als 2001 und 2002 die Unabhängige Expertenkommission Schweiz – Zweiter Weltkrieg zwei Dutzend Studien vorlegte, die belegten, wie umfassend die Verbindungen der Schweiz zu NS-Deutschland gewesen waren, habe zwar, so der Historiker Jakob Tanner, dem Parlament und der Regierung wenig an einer weiteren Vertiefung gelegen.[50] Doch das offizielle Geschichtsbild hatte sich gewandelt. Ein Name war davon besonders stark betroffen. Kein Unternehmer wird auf den 12 000 Seiten der Kommissionsberichte häufiger genannt als Emil G. Bührle.

Wollte man dessen historisch belastete Kunstsammlung in den öffentlichen Raum überführen, musste sie so weit wie möglich aus ihren Entstehungskontexten herausgelöst werden. Der Weg war nicht der, sie zu verschweigen. Im Gegenteil. Es galt, frühzeitig ein eigenes Narrativ zu entwickeln. Im Projektauftrag zur Bührle-Forschung wird es darum später heißen: »Die Kontextualisierung soll sicherstellen, dass *vor* der Eröffnung des Kunsthauses und dem Einzug der Sammlung Bührle die Forschungsergebnisse proaktiv vonseiten der öffentlichen Hand und des Kunsthauses kommuniziert werden. Damit wird eine sachliche, transparente Diskussion rund um die Entstehung der Sammlung Bührle und die dafür notwendigen wirtschaftlichen Voraussetzungen ermöglicht. Zusätzlich erhält die Präsentation der Sammlung Bührle im Kunsthaus damit einen Mehrwert. [...] Der Auftrag [...] grenzt sich klar ab vom Thema Provenienzforschung.«[51] 2021 antwortete Stadtpräsidentin Corine Mauch dementsprechend auf die Frage, wie sie es vertreten könne, dass die Kunstsammlung des Nazikollaborateurs Bührle so prominent ausgestellt werde: »Wir stellen ja nicht Herrn Bührle aus, sondern Kunst.«[52]

Die Herstellung von Einzigartigkeit

In erinnerungskulturellen Konflikten um wertvolle Kulturgegenstände oder Kunstsammlungen wird die Tatsache leicht übersehen, dass Museen eigene wirtschaftliche Interessen verfolgen und dass ihnen eine besondere ökonomische Funktion zukommt. Oft ist zu hören, dass die von ihnen ausgestellten Objekte ja dem Markt entzogen seien, so wie die Museen auch. Doch diese Annahme greift zu kurz.

Die Vorstellung einer vom Markt getrennten Museumssphäre geht wesentlich auf die Museumstheorie des Philosophen Krzysztof Pomian zurück. Als dieser 1984 sein Buch *Der Ursprung des Museums* (auf Deutsch 1988) veröffentlichte, hatte eine Welle von Museumsgründungen ihren Höhepunkt erreicht. In ganz Europa gingen neue Häuser auf, vor allem dort, wo im 18. und 19. Jahrhundert die Industrialisierung die Lebensweisen der Menschen und die Landschaften tiefgreifend verändert hatten. Der Rückzug der industriellen Infrastruktur, der Fabriken, Lagerhäuser, Hochöfen und Bergwerke, schuf neuen Platz und entließ die nun historisch gewordenen Artefakte aus der Zeit der Massenfertigung in ihre Musealisierung. In einem zuvor unbekannten Ausmaß fanden Gebrauchsgegenstände den Weg ins Museum.

Das stellte Pomian, der eine allgemeingültige Theorie über das Sammeln formulieren wollte, vor eine Schwierigkeit. Wie ist angesichts der schieren Zahl und Verschiedenartigkeit der Exponate zu verstehen, was sie alle gemeinsam haben? Die Lokomotiven in Eisenbahnmuseen und die Alltagsgegenstände, die zu Abermillionen in ethnografischen Museen aller Art gestrandet seien, teilten, seiner Ansicht nach, ein Merkmal. Sie hätten alle ihren ursprünglichen Verwendungszweck verloren. Darin glichen sie, so Pomian, den Kunstwerken, die ihrerseits »jeder nützlichen Zweckbestimmung entbehren« und die ebenfalls »zeitweilig oder endgültig aus dem Kreislauf ökonomischer Aktivitäten herausgehalten, auf besondere Weise geschützt und ausgestellt werden, damit sie den Blick auf sich ziehen«.[53]

Tatsächlich spielen Museen im globalen Attraktivitätswettbewerb eine zentrale Rolle;[54] darauf wurde schon im ersten Kapitel hingewiesen. Als unverzichtbarer Teil der kulturellen Infrastruktur von Großstädten und Metropolen ist es ihre Aufgabe, Alleinstellungsmerkmale zu produzieren. Seit den achtziger Jahren, der Renaissance der Städte, hat dieser Wettbewerb eine Eigendynamik entwickelt. Die Aufwertung des Kulturellen wird seither von den Stadtregierungen massiv gefördert. Damit modellieren sich Städte, wie es der Kultursoziologe Andreas Reckwitz nennt, zu »authentischen Orten«.[55] Dies zeigt sich auch an der Eingemeindung ehemals umkämpfter Institutionen, die noch in den achtziger Jahren als Alternativ- oder gar Gegenkultur verstanden wurden, in die städtische Kulturförderpolitik. Insbesondere aber gilt die intensive Förderung den Institutionen mit Sichtbarkeit, also mit medialer Präsenz, hohem Publikumsaufkommen, einem Wert als Marke. Solche Orte dienen der Profilierung der Städte, arbeiten mit an ihrer Valorisierung und Ästhetisierung, an der Erschaffung ihrer kulturellen Einzigartigkeiten.

Das gilt insbesondere für Kunstmuseen, die Standort- mit Kunstmarktinteressen verknüpfen. Gestützt durch Privat- und Steuergelder und von den Unwägbarkeiten des Kunsthandels entkoppelt, genießen sie eine Sonderstellung und nehmen zugleich, so die Kulturmanagementexpertin Andrea Hausmann, in ihrer gesellschaftlichen Orientierungsfunktion Einfluss auf den Kunstmarkt. Ausstellungen renommierter Museen dienen nicht nur der Singularisierung ihrer Standorte, sondern steigern Kunstwerke und Sammlungen in ihrem Wert und Ansehen.[56]

Namhafte, publikumsstarke Museen stehen nie isoliert da. In ihrem Einzugsgebiet finden sich in der Regel weitere Kunstmarktakteure, Galerien, Kunsthändler, Kunstagenten, Kunstvermittler, Auktionshäuser oder Kunstvereine. Besonders hervorgehobene Museen sind über ihre Gremien mit den lokalen Machtstrukturen von Politik und Wirtschaft verwoben. Es wird großzügig in den Kulturstandort investiert. Die Zuwendungen der Großbank Credit Suisse und der Swiss Re, Nummer zwei im weltweiten Rückversicherungsgeschäft, ins »teuerste und älteste Schmuckstück«[57] der Stadt, das Kunsthaus, dürften beträchtlich sein. Die Stadt Zürich ihrerseits schießt jährlich rund die Hälfte der gesamten Betriebskosten ein; 9,6 Millionen Schweizer Franken waren es 2019. Die Kulturpartnerschaft zwischen global agierendem Kapital und der rot-grünen Stadtregierung funktioniert bestens. Die Interessen konvergieren: Zürich soll gemäß Präsidialdepartement als »Forschungs-, Bildungs- und Wirtschaftsstandort« positioniert werden, »als Kulturstadt und als Tourismusdestination«.[58]

In der Verfolgung dieser Strategie ist die Sammlung Bührle durch ihren in den vergangenen Jahrzehnten exponentiell gewachsenen Wert und die damit verbundene mediale Präsenz in eine Schlüsselposition gelangt. Es mag paradox klingen, aber dass sie umstritten ist, stärkt ihre Position.

Bis ins 20. Jahrhundert waren Museen der Ort der Medialisierung von Kunst. Erst mit der sich weiter entwickelnden Fotografie und den darauf basierenden neuen Drucktechniken wurden wirklichkeitsgetreue Reproduktionen von Kunstwerken ermöglicht. Ein Original konnte unendlich oft kopiert werden. Heute, könnte man meinen, macht die globale und totale Verfügbarkeit digitalisierter Bildgedächtnisse das Original endgültig zu einer Fußnote, zu einem reinen Referenzpunkt. Doch wir wissen, es ist genau umgekehrt. Nie waren Museen populärer, und nie waren populäre Kunstwerke wertvoller.

Noch 1947 schien eine Kunstgeschichte ohne Fixierung auf das Original möglich zu sein – zumindest für den Medientheoretiker André Malraux, der sich ein Kunstmuseum ohne Museum vorstellte, das »musée imaginaire«[59]. Was er damit meinte, ist auf einem 1954 entstandenen Foto inszeniert. Es zeigt Malraux in seinem Salon, ihm zu Füßen liegen Dutzende aufgeschlagene Doppelseiten mit fotografischen Reproduktionen von Statuen und Reliefs; sie stammen aus unterschiedlichen Epochen und allen möglichen Gegenden der Welt. Es ist eine zur Bildikone gewordene Fotografie, die den Sammler als Intellektuellen inszeniert. Mit der fotografischen Reproduzierbarkeit von Kunstwerken trat für Malraux die Kunstenzyklopädie als mindestens ebenbürtiger Konkurrent zum traditionellen Museum auf. Dies demonstrierte er in zahlreichen, von ihm herausgegebenen Buchreihen. Löste man die Kunstwerke aus der Umklammerung von Autorenschaft, Tradition und Besitz, reproduzierte sie nicht abbildgetreu, sondern wählte bestimmte Ausschnitte aus und vergrößerte diese, wurden gänzlich neue Formensprachen und Bezüge sichtbar. Anders als Walter Benjamin in seinem kanonisch gewordenen Text über »Das Kunstwerk im Zeitalter seiner technischen Reproduzierbarkeit« zwei Jahrzehnte zuvor, habe Malraux »dem hypostasierten Verlust der Aura keine Träne« nachgeweint, schreibt der Kunsthistoriker Walter Grasskamp.[60] Im imaginierten Museum habe zwar das Auge den Vorrang, doch es setze einen »zutiefst intellektuellen Vorgang der Aneignung«[61] in Gang, so die Historikerin Anke te Heesen.

Seit den sechziger Jahren, als das starre Museums- und das agile Ausstellungswesen miteinander verschmolzen, haben sich Museen fundamental verändert.[62] Ein Funktionswandel, der sich durch eine weitere Fotografie verdeutlichen lässt. Auch sie ist 1954 entstanden und zu einer Bildikone geworden. Sie zeigt

Emil G. Bührle sitzend in den Räumlichkeiten seines Privatmuseums, die wuchtige Gestalt umrahmt von einigen Originalgemälden aus seiner Sammlung. Bührles Blick ist, anders als der von Malraux, nicht auf die Kunst gerichtet, sondern geht direkt ins Auge der Kamera. Nach einem Museumsbesuch in jungen Jahren, erzählte Bührle im selben Jahr in einem Vortrag, sei eine Entscheidung gefallen. »Da stand es für mich fest, dass ich mir einmal, sofern ich es vermöchte, solche Manet-, Monet-, Renoir-, Degas- und Cézannebilder an die Wand hängen wollte.«[63] Hier der bewegliche Intellektuelle, der die materielle Präsenz eines Kunstwerks in fotografische Reproduktionen auflöste – und dort der schwerreiche Industrielle, der nicht viel über Kunstobjekte zu sagen hatte, sondern sie um jeden Preis besitzen wollte.

Als sie noch im Privatmuseum hingen, vergleichsweise wenig besucht, brauchte die Geschichte dieser Objekte nicht dargestellt zu werden. Die Kunstwerke dienten nur einem Zweck, den Namen Bührle zu repräsentieren, die ökonomische Macht, für die er stand. Jetzt ist ihre Aufgabe eine neue. Der enorm hohe Wert, der den Kunstobjekten zugeschrieben wird, soll Zürich als Wirtschafts- und Kulturstandort aufwerten. Ihre Inszenierung als unproblematische Sammlung mit schwierigem Hintergrund steigert ihre Einzigartigkeit und Popularität – umso mehr als Museen heute nicht mehr als bewahrende Orte der Gelehrsamkeit gesehen werden, sondern sich um die Vermittlung ihres Wissens an ein alle gesellschaftlichen Schichten umfassendes Publikum bemühen. Das zeigt sich auch an Kunstmuseen, die auf große Namen setzen. Von diesen sind einige selbst zu Marken geworden und fast so berühmt wie die ihrer Starkünstler.

In diesem Zusammenhang spielt eine Rolle, dass die Ökonomisierung des Sozialen, so die Soziologen Luc Boltanski und Arnaud Esquerre, nicht mehr nur in den Raum, sondern auch in die Zeit ausgreife. Im Prozess der Deindustrialisierung und der sich immer weiter ausdehnenden Erschließung neuer Ressourcentypen sei eine neue Quelle zur Profiterzeugung gefunden worden, die »Ausschlachtung der Vergangenheit«.[64] Man müsse einfach Gebiete zueinanderführen, die sonst isoliert betrachtet würden. Kultur, Antiquitätenhandel, Luxusindustrie, Tourismus, Museen, die bildenden Künste – miteinander verschaltet, sind sie in der Lage, Profit aus der Vergangenheit zu schlagen, indem sie einfache Artikel mit Geschichte und Einzigartigkeit veredeln und Menschen in eine Welt der kultivierten Differenz eintreten lassen. Ein banales Gerät wie ein Küchenmesser kann so zu einem unverwechselbaren Objekt werden, das etwa in einer bestimmten Tradition stehe, eine bestimmte Entwicklung repräsentiere. Boltanski und Esquerre sehen in solchen Valorisierungsstrategien einen grundlegenden Wandel darin, wie Werte geschaffen werden. Das Ergebnis ist eine Welt der Güter und Erlebnisse, die das Zeitalter der industriell gefertigten Serienproduktion vergessen macht. Ähnlich wie Reckwitz sprechen Boltanski und Esquerre von einer Ökonomie, in der nicht primär neue Dinge geschaffen, sondern bereits vorhandene in ihrem Wert gesteigert würden, indem man sie »mit Geschichten verknüpft«. Diesen Vorgang nennen sie *enrichissement*, ein Wort, das im Deutschen sowohl Anreicherung wie Bereicherung bedeutet.

Das semantische Feld der Metapher »Anreicherung« erweitert den Blick. Der Vorgang des industriellen Anreicherns von Metallen ist besonders am Beispiel von Uran bekannt, dessen Anteil eines bestimmten Isotops erhöht werden muss, um den Stoff für den Betrieb von Kernreaktoren oder die Produktion von Atomwaffen einsetzen zu können. Man spricht hier von Kontamination durch Radioaktivität. Angereicherte Metalle strahlen, das heißt, sie nehmen nachhaltig Einfluss auf ihre Umwelt und verändern sie.

Belastete und kontaminierte Geschichte

Seit Kurzem wird die Metapher der historischen »Kontamination« auch in Zusammenhang mit Raubkunst verwendet. Die ältere Metapher »Last« – eine »Last« aus der Vergangenheit, die auf der Gegenwart liege – wird seit dem Zweiten Weltkrieg verwendet.[65] Geschichte besitzt keine Masse, kein Gewicht, sie ist im physikalischen Sinn weder »schwer« noch »leicht«. Dennoch ist unmittelbar verständlich, was gemeint ist, wenn von einer »historisch belasteten« Kunstsammlung gesprochen wird, wie dies im Zusammenhang mit der Bührle-Sammlung seit einigen Jahren geschieht. Metaphern ermöglichen es, Komplexität zu bündeln. Es wird nicht gesagt, worin genau diese Last bestehe, die auf der Kunstsammlung Bührles liege. Aber dass ihre Geschichte problematisch ist, würde wohl niemand bestreiten, der sich mit ihr beschäftigt. Seit den neunziger Jahren gehört der Name Bührle nicht mehr nur zum Kernbereich einer kritischen NS-Erinnerungskultur der Linken. Sogar für die *Neue Zürcher Zeitung* ist Emil G. Bührle mittlerweile zum »Vampir«[66] geworden – eine Metapher, die noch vor wenigen Jahren im wirtschaftsliberalen Zürich für Entrüstung gesorgt hätte. Je weiter die Dämonisierung Bührles vorangetrieben wird, umso verschwommener werden die komplexen Hintergründe seiner Kunstsammlung – und umso heller dürfen ihre Meisterwerke leuchten.

Sensibel wird reagiert, wenn über Bührles Kunstsammlung mit einer anderen Metapher gesprochen wird. Auf die Frage, ob diese Sammlung »kontaminiert« sei, antwortete Stiftungspräsident Lukas Gloor kürzlich: »Ich wehre mich gegen diesen Begriff, weil er ein Objekt schuldig spricht, das für die historischen Umstände, in die es geraten ist, nichts kann. Was kann der ›Knabe mit der roten Weste‹ [ein Gemälde von Paul Cézanne] dafür, dass er bei Bührle gelandet ist?«[67]

Selbstverständlich spricht niemand den »Knaben mit der roten Weste« schuldig. Ist die Rede von historisch belasteter Kunst, geht es um ihre Aneignungskontexte, also um Machtasymmetrien wie Krieg, Verfolgung, Entrechtung, Ausplünderung und Vertreibung. Das sind Hintergründe, die von der Bührle-Stiftung immer wieder ausgeblendet, verharmlost und relativiert werden.

Seit den späten sechziger Jahren haben der *lingustic turn*[68] und die Diskurstheorie[69] dazu verholfen, das Symbolsystem Sprache nicht nur als unabdingbare Voraussetzung für das Erkennen von Wirklichkeit zu begreifen, sondern auch als Mittel zu deren Erzeugung. Sprache formt die Welt. Eine besondere Rolle beim Sprechen nehmen Metaphern ein – Ausdrücke also, die von einem Bedeutungsfeld in ein anderes übertragen werden. Das Beispiel der »historischen Last« hat gezeigt, wie ein in der Physik klar umrissener Begriff in einen anderen Kontext hineingestellt wird – in den der Geschichte – und dort seine Bedeutung vervielfacht. In der Geschichtswissenschaft gehört es längst zum methodischen Rüstzeug, die Aufmerksamkeit auf die Polysemie (die Vieldeutigkeit) der Sprache zu richten, die prinzipielle Unabschließbarkeit von Bedeutungskonstruktionen mitzudenken, wie der Historiker Philipp Sarasin erklärt,[70] und darauf zu achten, in welcher Weise Metaphern wissenschaftliche Texte organisieren.[71] So können Metaphern sprachliche Instrumente für einen Erkenntnisgewinn sein, da sie im besten Fall wie Resonanzräume funktionieren.

Wodurch nun unterscheidet sich die Metapher einer

»historischen Kontamination« von der einer »historischen Belastung«? Sie scheint erklärungsbedürftig zu sein – zumindest, wenn man sie wörtlich nimmt, denn dann wäre »kontaminierte« oder »toxische« Kunst etwas Gefährliches. Es wäre eine Kunst, die vergiftet – wie in Umberto Ecos *Namen der Rose*, wo die mit unsichtbarem Gift bestrichenen Pergamentseiten einer mittelalterlichen Handschrift die Mönche umbringen, die in dem Buch lesen. Doch das ist nicht gemeint.

Von »kontaminierten Sammlungen« wird erst seit den NS-Raubkunstdebatten um die Sammlung Gurlitt gesprochen; darauf weist der Kunsthistoriker Roger Fayet in einem 2019 veröffentlichten Artikel hin.[72] Seit 2010 ist Fayet Direktor des Schweizerischen Instituts für Kunstwissenschaft, das eng mit der Bührle-Stiftung verbunden ist. Von 2017 bis 2020 war er Mitglied des Bührle-Stiftungsrats. Woher die Vorstellung komme, fragt er, »dass bestimmte historische Ereignisse ein Objekt irgendwie ›unrein‹, ›kontaminiert‹ oder ›beschmutzt‹ hinterlassen, eine Markierung auf ihm hinterlassen könnten, die es gefährlich macht?« Von Kontamination zu sprechen, würde »ihre eigentliche Essenz verändern«, ja, das stelle »eine Veränderung der materiellen Substanz des Objekts« dar.

Fayet stützt sich auf die semiotische Theorie von Krzysztof Pomian, wonach Museumsdinge »das Unsichtbare repräsentieren«, es »mit einer Bedeutung versehen«.[73] Dieses Unsichtbare sei die Geschichte von »Semiophoren« (Bedeutungsträgern), wie Fayet sie nennt. Dass Objekte erst zum Sprechen gebracht werden müssten, um etwas über sie zu erfahren – dieser heute sehr einfach erscheinende Gedanke, so die Wissenschaftshistorikerin Anke te Heesen, sei eng verbunden mit der allgemeinen Begeisterung für die Semiotik, die Lehre der Zeichensysteme, in den achtziger Jahren.[74]

Mit welcher Bedeutung Objekte »aufgeladen« – Fayet spricht von »semantisiert« – würden, sei mehr oder weniger zufällig und finde ausschließlich im Kopf der Betrachtenden statt. Nun ist wohl, ließe sich einwenden, keine Art der Objektbetrachtung stärker an historische und kulturelle Voraussetzungen gebunden als die Kunstbetrachtung und findet deswegen keineswegs individuell statt. Worauf Fayet hinauswill, ist aber etwas anderes. Die »Aufladung« des Objekts mit Geschichte sei nichts anderes als eine Interpretationssache; Geschichte werde immer unterschiedlich gedeutet. Darum müsse jedes Museum für »neue, alternative und abweichende Interpretationen« offenbleiben.[75]

Wenn die Bührle-Sammlung im Kunsthaus angekommen sei, so Fayet weiter, könne man auch über die »ethischen Ambiguitäten« bestimmter historischer Ereignisse diskutieren.[76] Damit meint er etwa »die Tatsache, dass faire Bildankäufe von Flüchtlingen, die dringend Bargeld benötigten, für diese eine Unterstützung gewesen sind«. Auf keinen Fall aber dürfe man Kunstobjekte auf einen bestimmten Abschnitt ihrer Geschichte festlegen. Dies sei ungerecht, weil damit ihre »ältere«

und »neuere« Geschichte nicht respektiert würde. »Die Frage nach Schuld oder der moralischen Legitimität bestimmter Handlungen würde damit keineswegs entschärft«, führt Fayet weiter aus, »sondern würde für die Teilnehmer einer Debatte vielmehr zur Verhandlungssache.«

Geschichte als *anything goes*[77] also? Pomian selbst behauptet an keiner Stelle seiner Semiophoren-Theorie, dass Objekte beliebig mit »Sinn« aufgeladen werden könnten oder dass man sich aus Sicht der Institution oder der Wissenschaft mit einem Geschichtsverständnis zufriedengeben müsste, dass in historischer Forschung nichts anderes als eine beliebige »Semantisierung« sieht. Im Gegenteil stünden Museen in der Pflicht, so der Kulturwissenschaftler Gottfried Korff, wissenschaftliche Kontexte zu schaffen. Das Bruchstückhafte von Objekten, die gemäß Pomian von ihrer Geschichte getrennt seien, sei sicher von Vorteil für die historische Imagination. Gefragt seien aber Erklärung und Deutung. »Der Deutungszusammenhang richtet sich nach den Proportionen heutiger historischer Erkenntnis« und »fordert die Forschung heraus«.[78]

Das kontaminierte Museum

Metaphern können Bezüge herstellen, Bedeutung anklingen lassen, Blickachsen verschieben. So ermöglicht die Metapher der Kontamination, die »historische Belastung« nicht als einen in der Vergangenheit liegenden Vorgang, sondern als immer noch andauernden Prozess zu verstehen. Eine solche Sammlung liegt nicht irgendwo begraben, und kein Mensch weiß, wo. Im Gegenteil, sie steht im Rampenlicht und wird genutzt – so wie die Bührle-Sammlung mit ihrer ihr neu zugeschriebenen Aufgabe, Publikumsmagnet im Kunsthaus zu sein. Nicht trotz, sondern wegen ihrer komplexen Geschichte. Sie ist keineswegs passiv, kein Objekt, dessen Vergangenheit abschließend untersucht worden ist und damit ad acta gelegt werden kann. Genauso wenig ist sie den Kräften des Markts entzogen, Kunst um der Kunst willen. Im Gegenteil, sie »strahlt«.

2017 trat die Kunsthistorikerin Bénédicte Savoy wegen ungeklärter Provenienzen zahlreicher Objekte aus Afrika, Asien, Nord- und Südamerika unter lautem Protest aus dem Expertenbeirat des Humboldt Forums, des Ende 2020 eröffneten, größten und teuersten Museums von Deutschland, zurück. Ob sie sich neue Formen der Präsentation solcher Güter vorstellen könne, wurde sie gefragt. »Ich bin froh über jede Idee, alles, was die Intelligenz anspricht und nicht nur dazu da ist, die Massen reinzubringen und mit Restaurants und Shops Kasse zu machen. Dafür ist das Humboldt Forum zu schade. Das sind dreihundert Jahre Sammeltätigkeit, mit all den Schweinereien und Hoffnungen, die damit verbunden sind. Das sind wir, das ist Europa. Man könnte sich unendlich viel vorstellen, wenn das Ganze nicht unter dieser Bleidecke begraben wäre, wie Atommüll, damit bloß keine Strahlung nach außen dringt. Das Humboldt Forum ist wie Tschernobyl.«[79]

Von den kontaminierten Landschaften Europas spricht der österreichische Historiker und Schriftsteller Martin Pollack und meint damit unentdeckte, oft nur der lokalen Bevölkerung bekannte, aber verschwiegene Massengräber im östlichen Mitteleuropa. Man müsse alles tun, schreibt Pollack, »um die unbekannten Opfer der Massengräber in den kontaminierten Landschaften dem Vergessen zu entreißen und ihnen ihre Namen und Gesichter und ihre Geschichte wiederzugeben«.[80] Pollack stellt sich eine Landkarte vor, um die Topografie der Gewalt festzuhalten. Doch würde sie dem Vergessen entgegenwirken? »Es gibt nichts, was sich nicht verräumlichen ließe«, zitiert Pollack den Historiker Karl Schlögel, der überzeugt ist, im Raum läsen wir die Zeit.[81]

Diese Verbindung vom Räumlichen mit dem Zeitlichen kennt man heute als das Konzept vom Erinnerungsort, wie es vom französischen Historiker Pierre Nora um 1980 entwickelt worden ist. Sein Ziel war, die *lieux de mémoire* des französischen Nationalgedächtnisses zu kartografieren. Nora wollte die Orte, »an die sich das Gedächtnis lagert oder in die es sich zurückzieht«,[82] identifizieren, ohne dabei nur an reale Orte zu denken. Seine Erinnerungsorte reichten von den Schlachtfeldern von Verdun über französischen Wein bis zur Marseillaise. Stück um Stück präzisierte er sein

Konzept der Erinnerungsorte bis zum Ansatz einer Geschichtsschreibung zweiten Grades. Es ging ihm nicht mehr um historische Ereignisse als solche, sondern um »deren Konstruktion in der Zeit, das Verschwinden und Wiederaufleben ihrer Bedeutungen; nicht die Vergangenheit, wie sie eigentlich gewesen ist, sondern ihre ständige Wiederverwendung, ihren Gebrauch und Missbrauch sowie ihren Bedeutungsgehalt für die aufeinanderfolgenden Gegenwarten; nicht die Tradition, sondern die Art und Weise, wie diese geschaffen und weitergegeben wird«.[83] Damit drehte Nora die positivistische Zielsetzung seiner Konzeption um und verstand »Erinnerungsorte« nicht mehr als die Speicher eines Nationalgedächtnisses, sondern als Orte der Erinnerungsproduktion.

Die Schweiz kennt keine offiziellen Erinnerungsorte bezüglich der NS-Zeit. Auch kein Holocaust-Denkmal. Dies sei im europäischen Vergleich auffällig, schreiben die Herausgeberinnen und Herausgeber eines kürzlich erschienen Buchs über die hiesigen Formen des Holocaust-Gedenkens. Dennoch hat sich auch hier eine ortsgebundene, sichtbare Ausprägung einer Erinnerungskultur auf landesweit rund sechzig Gedenktafeln materialisiert. Dezentral und föderalistisch wurden sie oft gegen lokale Widerstände und aus Eigeninitiative angebracht. Auf jüdischen Friedhöfen, bei Synagogen, in Grenzgemeinden oder an ehemaligen Wohnorten erinnern sie an Flüchtlinge und Fluchthelfer. Sie stammen zu einem Großteil aus der Zeit nach dem Erinnerungsschub in den achtziger Jahren.[84] Seit 2020 werden in der Schweiz auch »Stolpersteine« gesetzt, die auf das Schicksal von Schweizer Bürgerinnen und Bürgern hinweisen, die zu Opfern des Nationalsozialismus wurden. Auch über die durch den Bundesrat geförderte Schaffung eines zentralen und offiziellen Gedenkorts für die Schweizer NS-Opfer wird zurzeit diskutiert.[85]

In Deutschland hingegen sei der Holocaust zu einem negativen Gründungsmythos geworden, schreibt Aleida Assmann, staatstragend in einem solchen Ausmaß, dass ihr von Intellektuellen der Vorwurf gemacht werde, nur mehr ein leeres Ritual zu sein. Wo früher Vergessen und Verdrängen gewesen sei, zitiert sie den Politologen und Historiker Harald Schmid, sei heute überall Erinnern. Damit werde das Beunruhigende und Verstörende verdeckt.[86]

Von einer besonders deutlich ausgeprägten offiziellen Erinnerungskultur um die Verwicklung der Schweiz in den Nationalsozialismus und den Holocaust kann man kaum sprechen. Das macht die Erinnerungskultur besonders verletzlich. Umso stärker stehen öffentliche Institutionen in der Verantwortung, die maßgeblich an der Vermittlung und Verbreitung von Geschichtsbildern beteiligt sind. Das ist die Verantwortung, der sich das Kunsthaus als kontaminiertes Museum entzieht.

Stadtpräsidentin Corine Mauch erklärte im Sommer 2021, die Werke der Sammlung Bührle könnten darum der Öffentlichkeit zugänglich gemacht werden, weil sie im Museum kommentiert seien, weil die Provenienzforschung Transparenz geschaffen habe. War es nicht umgekehrt so, dass die Stadtregierung sich schon 2010 ungeprüft und vollkommen auf die Bührle-Provenienzforschung verließ und sie 2012 als Instrument in der Volksabstimmung um den Kunsthauserweiterungsbau einsetzte? Einer Forschung, die unter Ausschluss der Öffentlichkeit stattfand, deren Ergebnisse nie kritisch geprüft wurden?

Die Besucher und Besucherinnen, so Stadtpräsidentin Mauch weiter, müssten sich mit der Vergangenheit konfrontieren, sich mit ihr auseinandersetzen. »Man kann diese Vergangenheit, auch wenn sie schwer ist, nicht durch Ablehnung oder Schweigen ungeschehen machen. Das kann man nie.«[87] Vergangenheit aber hat keine Stimme, die man ablehnen könnte oder zum Schweigen bringen müsste. Die Geschichtswissenschaft produziert sie, stellt als Fach Erzählungen über sie her, die mehr oder weniger plausibel sein können.

Für eine Geschichtserzählung ist im Bührle-Trakt des Kunsthausneubaus Platz reserviert. In einem Dokumentationsraum wird sie inszeniert, umgeben von den sorgfältig aus ihren Kontexten herauspräparierten Kunstwerken. Welches Kunstmuseum kann schon eine solche Sammlung präsentieren? Nicht das Schweigen, sondern das Sprechen über die Vergangenheit schafft die optimalen Bedingungen, sie gewinnbringend ins Standortdispositiv einzubinden.

Am Heimplatz in Zürich ist ein neuer Erinnerungsort entstanden, die Sammlung Bührle ist sein trotziges

Gravitationszentrum. Aber wen wird dieser Erinnerungsort im Gedächtnis halten?

Zu jedem Erinnern gehört Vergessen, und so befindet sich das räumliche Gegenstück zum kontaminierten Museum nur wenige Kilometer Luftlinie entfernt. Es ist eine Leerstelle. Dort, wo in Zürich-Oerlikon einst die Waffenschmiede lag, ohne deren Profite das Kunsthaus Zürich in seiner heutigen Form nicht existieren würde. Das ehemalige Bührle-Areal ist regelrecht umzingelt von Straßen, die allesamt nach Antifaschistinnen, avantgardistischen Künstlern, Fluchthelferinnen oder Kriegsgegnern benannt sind. Nicht wenige von ihnen waren jüdisch.

Das Konzept zur Straßenbenennung geht auf das Jahr 1995 zurück.[88] Das ehemalige Industriequartier Neu-Oerlikon befand sich damals noch in Planung. Zur selben Zeit hatte die Debatte um nachrichtenlose Vermögen von Holocaust-Opfern auf Schweizer Bankkonten einen Höhepunkt erreicht. So wurde beschlossen, dass dort, wo Bührles Firma früher Waffen und Munition unter anderem für NS-Deutschland produziert hatte, die Straßen die Namen von Männern und Frauen tragen sollten, die »sich in besonderem Maße für Frieden, humanitäre Belange und soziale Gerechtigkeit eingesetzt haben«.[89]

Auch der Text für die Zusatztafel einer künftigen Bührle-Strasse – sie wird quer durchs Gelände seiner ehemaligen Waffenschmiede führen – wurde damals festgelegt: »Emil Georg Bührle (1890–1956). Maschinenindustrieller (Werkzeugmaschinenfabrik Oerlikon), großer Kunstsammler (Sammlung Bührle)«.

Seit 1999 befinden sich die kriegerischen Reste der Oerlikon Bührle im Besitz der Rheinmetall Air Defence AG. Damals hatte das deutsche Unternehmen den arg geschrumpften Rüstungssektor des früheren Konkurrenten übernommen. Das Ende des Kalten Kriegs und die Auflösung der Blockordnung hatten der Firma zugesetzt. Das Umfeld wandelte sich. Zuvor war die Politik dem Unternehmen stets gewogen gewesen. Doch seit dem Mauerfall und dem Übergang Europas von der wackligen Nachkriegs- in die unübersichtliche, aber stabile Gegenwartsordnung mehrten sich die Stimmen, die der Kriegswaffenherstellung ablehnend gegenüberstehen. Immer wieder droht darum die neue Eigentümerin, die Rheinmetall, den traditionsreichen Produktionsstandort im nördlichen Zürich aufzugeben, sollten die Waffenexportgesetze der Schweiz verschärft werden. Es darf als sicher gelten, dass das eine oder andere geschehen wird; entweder werden die politisch umstrittenen Exporte in die globalen Krisenregionen gesetzlich unterbunden oder wenigstens stark beschränkt. Die Rheinmetall dürfte den in die Jahre gekommenen Standort in Neu-Oerlikon früher oder später sowieso abstoßen. Man sitzt auf einer wahren Goldgrube. Die rasante Stadtentwicklung hat die Wertsteigerung des riesigen, verkehrsgünstig gelegenen Grundstücks kräftig angeheizt.

Das Archiv der Werkzeugmaschinenfabrik Oerlikon ist schon abgezogen. Im März 2018 wurde es an den Düsseldorfer Hauptsitz der Rheinmetall verlegt. Dem Team der Universität Zürich, das es zur Forschung nutzen wollte, wurde von der Rheinmetall noch 2017 der Zugang verwehrt. Erst die Intervention der Stadtpräsidentin machte den Weg frei. So bald wird wohl niemand mehr Einblick in dieses Archiv bekommen. Das gilt auch für die privaten Notiz- und Tagebücher und Korrespondenzen Emil G. Bührles, die sich mit einiger Sicherheit noch in Privatbesitz befinden.

Das Sammlungsarchiv der Bührle-Stiftung hingegen ist nun digitalisiert und frei zugänglich. Wie umfassend es heute noch ist, muss offenbleiben. Aber es ließe sich damit arbeiten, man könnte die Geschichte, diese eigenartige Metapher fürs Gestern im Heute, ein Stück weiter der Vergangenheit entziehen. Es ließen sich Fragen stellen und Antworten finden, die in keinem Museum Platz haben – Fragen danach, worauf die Gegenwart gründet und wie Verantwortung für historisches Unrecht konkret aussehen könnte, ja, in was für einer Welt man eigentlich leben möchte.

Und die Sammlung Bührle? In zwanzig Jahren läuft ihr Leihvertrag mit dem Zürcher Kunstverein und dem Kunsthaus aus. Wie wird man dann über sie denken?

Anmerkungen

Geschichte und Verantwortung

1 Walter Benjamin, »Das Kunstwerk im Zeitalter seiner technischen Reproduzierbarkeit«, in: ders., *Medienästhetische Schriften*, Frankfurt am Main 2002, S. 353.

2 Peter Hug, *Schweizer Rüstungsindustrie und Kriegsmaterialhandel zur Zeit des Nationalsozialismus. Unternehmensstrategien, Marktentwicklung, politische Überwachung, Veröffentlichungen der Unabhängigen Expertenkommission Schweiz – Zweiter Weltkrieg*, Bd. 11 (2 Teilbde.), Zürich 2002.

3 Die folgenden Ausführungen beruhen hauptsächlich auf Erich Keller, in: Lehrstuhl Matthieu Leimgruber, *Kriegsgeschäfte, Kapital und Kunsthaus. Die Entstehung der Sammlung Bührle im historischen Kontext. Forschungsbericht zuhanden des Präsidialdepartements und der Direktion der Justiz und des Inneren des Kantons Zürich*, Zürich 2020, S. 16–62, 76–82, 85–91. Weiterführende Literaturangaben dort.

4 Undatiertes Dokument, in: Rheinmetall B534, Ordner OBHA 4, WO/OB-Archiv, ca. September 1948.

5 Siehe Wolfgang Hafner, »›Absolut meine eigene Conception‹. Bührle und Zwangsarbeit«, in: *WOZ – Die Wochenzeitung*, 17. März 2016. Der Artikel wurde am 26. Oktober 2016 im Zürcher Gemeinderat von Markus Knauss (Grüne) zur Sprache gebracht – ohne Konsequenzen.

6 Siehe Adrian Hänni, »Bührle, der Waffenschieber«, in: NZZ, 5. Juni 2021.

7 Geraldine David und Kim Oosterlinck, »War, Inflation, Monetary Reforms and the Art Market«, in: *EHES Working Papers in Economic History*, 12/2012, S. 1–32; Kim Oosterlinck, »Art as a Wartime Investment. Conspicuous Consumption and Discretion«, in: *The Economic Journal*, 127/607 (2017), S. 265–701.

8 Peter Watson, *From Manet to Manhattan. The Rise of the Modern Art Market*, New York 1992.

9 Esther Tisa Francini, Anja Heuss und Georg Kreis, *Fluchtgut – Raubgut. Der Transfer von Kulturgütern in und über die Schweiz*

1933–1945 und die Frage der Restitution, Veröffentlichungen der Unabhängigen Expertenkommission Schweiz – Zweiter Weltkrieg, Bd. 1, Zürich 2001; Esther Tisa Francini, »Der Wandel des Schweizer Kunstmarkts in den 1930er- und 40er-Jahren. Voraussetzungen und Folgen einer internationalen Neuordnung«, in: *Traverse,* 9/1 (2002), S. 107–122; Sébastien Guex, »Le marché suisse de l'art 1886–2000. Un survol chiffré«, in: *Traverse,* 9/1 (2002), S. 29–62.

10 Lehrstuhl Leimgruber, *Kriegsgeschäfte,* S. 210–214.

11 Jonathan Petropoulos, *Göring's Man in Paris. The Story of a Nazi Art Plunderer and his World,* New Haven, London 2021.

12 Lukas Gloor, *Die Sammlung Emil Bührle. Geschichte, Gesamtkatalog und 70 Meisterwerke,* München 2021, S. 126.

13 Hanns Christian Löhr, *Kunst als Waffe. Der Einsatzstab Reichsleiter Rosenberg. Ideologie und Kunstraub im »Dritten Reich«,* Berlin 2018.

14 Stefan Koldehoff, *Die Bilder sind unter uns. Das Geschäft mit der NS-Raubkunst und der Fall Gurlitt,* Köln 2014, S. 90–114.

15 Sabine Beneke, »Bruno Lohse und die Kaiserbilder Albrecht Dürers im Deutschen Historischen Museum. Eine Spurensuche«, www.dhm.de/assets/DHM/Download/Sammlung/Forschung/Beneke_Lohse.pdf (25. Juli 2021); Jonathan Petropoulos, »Kunsthändlernetzwerke im Dritten Reich und in der Nachkriegszeit«, www.collectiongruenbaum.com/wp-content/uploads/2017/03/Art-Dealer-Networks-Article-JCH-German.pdf (12. Juni 2021); Claudia Emmert, »Vorwort«, in: dies. et al. (Hg.), *Eigentum verpflichtet. Eine Kunstsammlung auf dem Prüfstand,* Berlin 2020, S. 4–11.

16 Siehe Unabhängige Expertenkommission Schweiz – Zweiter Weltkrieg, *Die Schweiz, der Nationalsozialismus und der Zweite Weltkrieg. Schlussbericht,* Zürich 2002, S. 421–423.

17 Petropoulos, *Göring's Man in Paris,* S. 358.

18 Das wird etwa im Forschungsbericht der Universität Zürich wiederholt behauptet; Lehrstuhl Leimgruber, Kriegsgeschäfte.

19 Bruno Latour, »Ein Kollektiv von menschlichen und nichtmenschlichen Wesen«, in: ders., *Die Hoffnung der Pandora. Untersuchungen zur Wirklichkeit der Wissenschaft,* Frankfurt am Main 2002, S. 211–264.

20 Ders., »Die Macht der Assoziation«, in: Andréa Belliger und David J. Krieger (Hg.), *ANThology. Ein einführendes Handbuch zur Akteur-Netzwerk-Theorie,* Bielefeld 2006, S. 195–212.

21 Mary Douglas, *Wie Institutionen denken,* Frankfurt am Main 1991.

1. Die Transformation einer Kunstsammlung

1 »Stiftungsurkunde der Sammlung E. G. Bührle«, 24. Februar 1960, S. 2.

2 Erik Nolmans, »Die Bührle-Erben und ihr Milliardenschatz«, in: *Handelszeitung*, 23. August 2017.

3 Pierre Bourdieu, *Sozialer Raum und »Klassen«. Zwei Vorlesungen*, Frankfurt am Main 1985; ders., *Die feinen Unterschiede. Kritik der gesellschaftlichen Urteilskraft*, Frankfurt am Main 1982.

4 Katharina Pistor, *Der Code des Kapitals. Wie das Recht Eigentum und Ungleichheit schafft*, Berlin 2020.

5 Unter dem Titel »Translocations. Historical Enquiries into the Displacement of Cultural Assets« läuft seit 2016 an der Technischen Universität Berlin ein viel beachtetes Forschungsprojekt. In Zusammenarbeit mit Institutionen wie dem Collège de France und dem British Museum in London werden großangelegte Kulturgutverlagerungen in der Geschichte untersucht. Die Verschiebung der Sammlung Bührle kann als Translokation auf kleinem Raum verstanden werden.

6 Baudirektion Kanton Zürich et al. (Hg.), *Zukunft des Hochschulstandortes Zürich. Entwicklungsplanung Hochschulgebiet, Phase 1: Leitbild/Leitsätze*, Zürich 2002, S. 7.

7 Präsidialdepartement der Stadt Zürich (Hg.), *Leitbild der städtischen Kulturförderung 2003–2007*, Zürich 2003.

8 Erik Nolmans, »Walter Kielholz – der Strippenzieher«, in: *Handelszeitung*, 29. August 2006.

9 »Stabübergabe am Kunsthaus«, in: *NZZ am Sonntag*, 24. März 2002, S. 85.

10 Siehe Matthias Frehner und Urs Steiner, »Christoph Becker: ›Ich kann es!‹«, in: *Neue Zürcher Zeitung*, 18. Juli 2001, S. 40.

11 Handelsregister Zürich, Mitteilung 26. März 2003.

12 Zürcher Kunstgesellschaft, *Jahresbericht Kunsthaus Zürich 2012*.

13 »Die E. G. Bührle Stiftung«, in: *Neue Zürcher Zeitung*, 27. April 1960, S. 9.

14 Protokoll der Bührle-Stiftungsratssitzung vom 12. Mai 1977, S. 2.

15 Protokoll der Bührle-Stiftungsratssitzung vom 20. Juni 2000, S. 2.

16 Eine vollständige Liste findet sich in den Statuten der Stiftung Sammlung E. G. Bührle, Handelsregisteramt des Kantons Zürich, Protokoll der Bührle-Stiftungsratssitzung vom 3. September 2010, S. 20.

17 Protokolle der Bührle-Stiftungsratsitzungen vom 11. Mai 1976 und vom 12. Mai 1977.

18 Protokoll der Bührle-Stiftungsratssitzung vom 11. Mai 1976, S. 1–3; Protokoll vom 12. Mai 1977, S. 2; Protokoll vom 7. Mai 1980, S. 2. In den publizierten Protokollen fehlen unter anderem die Jahresrechnungen. Einblick in die Vermögensverhältnisse gibt es nur für das Jahr 1999: Nach dem Verkauf eines hochpreisigen Gemäldes und guten Besucherzahlen belief sich der Vermögensstand auf 283 000 Schweizer Franken.

19 Protokoll der Bührle-Stiftungsratssitzung vom 5. Mai 1986, S. 1. Auslöser war die Frage, ob es vertretbar sei, neunhundert Schweizer Franken für die Restauration eines Gemäldes von Gustave Courbet auszugeben.

20 Protokoll der Bührle-Stiftungsratssitzung vom 20. Juni 2000, S. 3; Protokoll vom 27. Mai 2008, S. 3. Der Fehlbetrag von 2007 wurde von einer unbekannten Stiftung Eiche übernommen.

21 Protokolle der Bührle-Stiftungsratssitzungen vom 21. November 2007 und vom 20. Februar 2008, S. 5.

22 Siehe www.pbihag.ch/de-ch/stiftung-sammlung-buehrle/story-go (10. Februar 2021).

23 Daniela Janser, »Durchs Höllentor ins Kunsthaus«, in: *WOZ – Die Wochenzeitung*, 20. August 2020.

24 Zum Begriff des Familienclans siehe Niklaus Meienberg, *Die Welt als Wille und Wahn. Elemente zur Naturgeschichte eines Clans*, Zürich 1987.

25 Siehe www.dodis.ch/de/thematic-dossiers/e-dossier-50-jahre-buhrle-affare (20. Februar 2021).

26 Arthur Marwick, *The Sixties. Cultural Revolution in Britain, France, Italy and the United States, 1958–1973*, New York 1998; Timothy Scott Brown und Andrew Lison (Hg.), *The Global Sixties in Sound and Vision. Media, Counterculture, Revolt*, New York 2014.

27 Hortense Bührle, die Tochter von Emil G. Bührle, hatte 1964 den Pianisten Géza Anda geheiratet.

28 Protokoll der Bührle-Stiftungsratssitzung vom 11. Mai 1976, S. 2.

29 Protokoll der Bührle-Stiftungsratssitzung vom 5. Mai 1986, S. 2.

30 Michael Kimmelman, »Was this exhibition necessary?«, in: *New York Times*, 20. Mai 1990, www.nytimes.com/1990/05/20/arts/art-view-was-this-exhibition-necessary.html (20. Februar 2021).

31 Ich danke Guido Magnaguagno für diese Information.

32 Siehe Melissa Müller und Monika Tatzkow, *Verlorene Bilder, verlorene Leben. Jüdische Sammler und was aus ihren Kunstwerken wurde*, 2. Aufl., München 2014; Thomas Buomberger und Guido Magnaguagno (Hg.), *Schwarzbuch Bührle. Raubkunst für das Kunsthaus Zürich?*, Zürich 2015.

33 Protokoll der Bührle-Stiftungsratssitzung vom 14. Juni 2017, S. 6.

34 Ebd.

35 Baudirektion Kanton Zürich et al. (Hg.), *Zukunft des Hochschulstandortes Zürich*, S. 3, auch die folgenden Zitate.

36 Siehe www.stadt-zuerich.ch/prd/de/index/stadtentwicklung/stadt-der-zukunft.html (30. Januar 2021).

37 Das Konzept »City Campus« wurde vom Planungsteam VUES SA (Zürich) entwickelt.

38 Medienmitteilung der Stadt Zürich, 27. Juni 2003; Baudirektion Kanton Zürich et al. (Hg.), *Zukunft des Hochschulstandortes Zürich*, S. 5.

39 Kanton Zürich (Hg.), *Masterplan Hochschulgebiet Zürich-Zentrum*, September 2014, S. 15.

40 Siehe ebd.

41 Siehe Erich Keller, »Der totale Buchhändler. Theo Pinkus und die Produktion linken Wissens in Europa in der zweiten Hälfte des 20. Jahrhunderts«, in: Brigitta Schmidt-Lauber und Jens Wietschorke (Hg.), *Historische Anthropologie*, Heft 2, 2018, Köln, Weimar, Wien, S. 126–148.

42 Erich Keller, »Theo Pinkus. Der totale Buchhändler«, in: *NZZ Geschichte*, Mai 2019, S. 52–63.

43 Baudirektion Kanton Zürich et al. (Hg.), *Zukunft des Hochschulstandortes Zürich*, S. 5.

44 Barbara Basting, »Bührle ins Kunsthaus Zürich?«, in: *Tages-Anzeiger*, 11. Januar 2005, S. 51.

45 Betriebsrechnung 2018, enthalten in: Zürcher Kunstgesellschaft, »Jahresbericht Kunsthaus Zürich 2019«, https://jahresbericht.kunsthaus.ch/2019/finanzen/rechnung (11. Januar 2021).

46 Die finanziell gut ausgestattete Fondation Beyeler in Basel etwa, ein bedeutendes Kunstmuseum, sieht in ihrem jährlichen Etat ein Ankaufsbudget von fünf bis sechs Millionen Schweizer Franken vor. Das jährliche Budget des Zürcher Kunsthauses bewegt sich gemäß den Jahresberichten meist in der Größenordnung von einigen Hunderttausend Franken.

47 Siehe Thomas Köhler, »Komplizen – Galeristen und Privatsammler als Partner der Kunstmuseen«, in: Andrea Hausmann (Hg.), *Handbuch Kunstmarkt. Akteure, Management und Vermittlung*, Bielefeld 2014, S. 167–176.

48 Protokoll der Bührle-Stiftungsratssitzung vom 27. Mai 2008.

49 Siehe www.tageswoche.ch/kultur/die-ausstellungskosten-explodieren-die-museen-hoffen-auf-hilfe-vom-staat/index.html (12. Februar 2021).

50 Angabe des Bundesamts für Statistik, www.bfs.admin.ch/bfs/de/home/statistiken/kultur-medien-informationsgesellschaft-sport/kultur/museen/sammlung-ausstellungen.html#-2133297461 (3. Januar 2021).

51 Die statistischen Daten stammen vom Bundesamt für Statistik, www.bfs.admin.ch/bfs/de/home/statistiken/kultur-medien-informationsgesellschaft-sport/kultur/museen/struktur-finanzierung.html (3. Januar 2021), und vom Kunsthaus Zürich, https://kunsthausrelaunch8251-live-a33132ecc05c-1c0f54b.divio-media.net/documents/MM_GV_ZKG_2019_D.pdf (3. Januar 2021).

52 https://kunsthausrelaunch8251-live-a33132ecc05c-1c0f54b.divio-media.net/documents/idee_form_inhalt_das_neue_kunsthaus_de.pdf (3. Januar 2021).

53 Stefan Koldehoff, »Bührle rüstet das Zürcher Kunsthaus auf«, in: *Sonntagszeitung*, 9. Januar 2005, S. 39.

54 Ich danke Guido Magnaguagno für diese Hinweise.

55 »Die Museumslandschaft ist nicht gebaut«, Interview mit Elmar Ledergerber und Walter Kielholz, in: *Tages-Anzeiger*, 2. November 2005, S. 10.

56 Irène Troxler, »Bührle-Stiftung legt Vertrag offen«, in: *Neue Zürcher Zeitung*, 13. November 2012, S. 15.

57 Mit Ausnahme von zwanzig Millionen Franken, die von der Walter Haefner Stiftung gespendet wurden; siehe Kunsthaus Zürich, »Das neue Kunsthaus. Chronik 2001–2019«, hg. von der Einfachen Gesellschaft Kunsthaus Erweiterung, www.kunsthaus.ch/museum/ueber-uns/erweiterung/ (7. Januar 2021).

58 Statuten der Stiftung Sammlung E. G. Bührle vom 8. Juni 2010.

59 Diese Chronologie stützt sich auf: Kunsthaus Zürich, »Das neue Kunsthaus. Chronik 2001–2019«.

60 Peter Hablützel et al. (Hg.), *Umbruch in Politik und Verwaltung. Ansichten und Erfahrungen zum New Public Management in der Schweiz*, Bern 1999; zur Rolle des New Public Management in der ETH siehe David Gugerli, Patrick Kupper und Daniel Speich, *Die Zukunftsmaschine. Konjunkturen der ETH Zürich 1855–2005*, Zürich 2005, S. 296 f., 338–340, 362–364. Für einen Überblick über die Geschichte des News Public Management und seine Methoden eignet sich auch das deutsche »Online-Verwaltungslexikon für gutes öffentliches Management«, insbesondere www.olev.de/n/nsm.htm (2. März 2021).

61 Hansruedi Hitz, Christian Schmid und Richard Wolff, »Boom, Konflikt und Krise. Zürichs Entwicklung zur Weltmetropole«, in: dies. et al. (Hg.), *Capitales Fatales. Urbanisierung und Politik*

in den Finanzmetropolen Frankfurt und Zürich, Zürich 1995, S. 208–282.

62 Saskia Sassen, *The Global City. New York, London, Tokyo,* Princeton 1991.

63 Für Zürich siehe Hansruedi Hitz, Christian Schmid und Richard Wolff, »Zur Dialektik der Metropole. Headquarter Economy und urbane Bewegungen«, in: dies. et al. (Hg.), *Capitales Fatales*, S. 137–156.

64 Neil Brenner und Nik Theodore, »Cities and the Geographies of ›Actually existing Neoliberalism‹«, in: dies. (Hg.), *Spaces of Neoliberalism. Urban Restructuring in North America and Western Europe*, Malden 2004, S. 2–32. Ich danke Christian Schmid (ETH Zürich) für den Hinweis auf diesen Text.

65 Saskia Sassen, *Metropolen des Weltmarkts. Die neue Rolle der Global Cities*, Frankfurt 1997.

66 »Kunst wird teurer. Generalversammlung der Zürcher Kunstgesellschaft«, in: *Neue Zürcher Zeitung*, 31. Mai 2005, S. 54.

67 »Die Museumslandschaft ist nicht gebaut«, in: *Tages-Anzeiger*, 2. November 2005, S. 10.

68 Ursula Koch, Rede von 1988, www.web.archive.org/web/20131022084542/http://www.sp-zuerich.ch/sites/default/files/u4/Rede_Ursual_Koch_SIA_1988.PDF (2. März 2021).

69 Kunsthaus Zürich, »Das neue Kunsthaus. Chronik 2001–2019«.

70 Ebd.

71 Stadtrat von Zürich (Hg.), *Zürich stimmt ab. 25. November 2012,* Vorlage »Kunsthaus-Erweiterung Zürich«, S. 5.

72 Protokoll der Bührle-Stiftungsratssitzung vom 27. Mai 2008, S. 4. Die geraubten Gemälde konnten später in Serbien gefunden und in die Sammlung reintegriert werden.

73 Inwieweit diese Pläne umgesetzt wurden, ließ sich nicht eruieren. Siehe Protokoll der Bührle-Stiftungsratssitzung vom 27. Mai 2008, S. 3 f.

74 Oliver Meier, Michael Feller und Stefanie Christ, *Der Gurlitt-Komplex. Bern und die Raubkunst*, Zürich 2017.

75 »Auszug aus dem Protokoll des Stadtrates von Zürich«, 16. Juni 2010, GR Nr. 2010/157, auch die folgenden Zitate.

76 Corine Mauch, *Stadtentwicklung zwischen Plan und Markt*, Lausanne 2001.

77 Siehe Kaspar Surber, »Bührle wird beschönigt«, in: *WOZ – Die Wochenzeitung*, 20. August 2020. Vom Februar 2018 bis zum Februar 2020 war ich wissenschaftlicher Mitarbeiter des Forschungsprojekts. Nach meinem Ausscheiden wurde mir der

Bericht, den hauptsächlich ich konzipiert und geschrieben hatte, zum Gegenlesen zugesandt. So wurde ich im Mai 2020 auf die inhaltlichen Eingriffe aufmerksam und habe mich in der Folge dazu entschieden, auf meine Nennung als Autor zu verzichten. Siehe auch Fabian Baumgartner und Marc Tribelhorn, »›Anregungen‹ und andere Druckversuche. Wie Forschungsarbeiten zum Waffenfabrikanten Bührle beeinflusst werden«, in: *Neue Zürcher Zeitung*, 27. August 2020.

78 Projektauftrag »Kontextualisierung Sammlung Bührle«, 16. August 2017, auch die folgenden Zitate, www.gemeinderat-zuerich.ch/DocumentLoader.aspx?lib=doc&ID=40801a79-e7c1-44eb-9735-51140bdc0a08&Title=2017_0400.pdf (4. Dezember 2020).

79 Siehe www.gemeinderat-zuerich.ch/geschaefte/detailansicht-geschaeft?gId=514ac638-6232-4fe2-8a9b-362912836d81 (22. März 2021).

80 Siehe Auszug aus dem Protokoll des Stadtrats von Zürich, 28. Februar 2018, S. 3, GR Nr. 2017/400.

81 So Georg Kreis, emeritierter Geschichtsprofessor, zitiert nach: Baumgartner und Tribelhorn, »›Anregungen‹ und andere Druckversuche«.

82 Bruno Knobel, »Der Nebelspalter«, in: *Historisches Lexikon der Schweiz*, www.hls-dhs-dss.ch/de/articles/024818/2009-08-24 (15. März 2021).

83 Zitate aus einem Brief von Emil Bührle an die Redaktion des *Nebelspalters*, 1. November 1940, in: IB-ASM-Archiv, Ordner 993.

84 Original: »Il est fort probable que la méfiance face au judaïsme fasse partie du ›bagage‹ intellectuel de base d'un homme conservateur de la génération de Bührle, mais après avoir relu la lettre au Nebelspalter, il ne me semble pas que l'on puisse parle de »unverhohlen antisemitischen Ausfall«. Cela ne colle tout simplement pas avec le profil général du personnage« E-Mail von Leimgruber an Gloor, 3. Mai 2020. Diese Passage wurde in den Gutachten zum Forschungsbericht nicht genannt, obschon sie zeigt, wie weitgehend der Konsens zwischen Bührle-Stiftung und Projektleitung war. Die Gutachten können eingesehen werden unter: www.fsw.uzh.ch/de/personenaz/lehrstuhlleimgruber/Forschung/Bührle.html (11. August 2021).

85 Die Fachliteratur zu diesem Themenkreis ist unüberschaubar groß; empfehlenswert ist: Mark Jones, *Am Anfang war Gewalt. Die Deutsche Revolution 1918/19 und der Beginn der Weimarer Republik*, Berlin 2017.

86 Emil Bührle, »Vom Werden meiner Sammlung«, Vortrag am 14. Juni 1954, abgedruckt in: Kunsthaus Zürich (Hg.), *Die Sammlung Emil G. Bührle*, Zürich 1958, S. 26–29.

87 Siehe www.media.uzh.ch/dam/jcr:6c83b89b-0898-446e-9e90-bb2ea4dc90e0/Review_Bührle-Bericht_Tanner_def.pdf (11. August 2021).

88 Andreas Tobler, »Erstaunlich naiv«, in: *Tages-Anzeiger*, 18. November 2020, S. 2.

89 Marc Tribelhorn, »Fall Bührle. Eine gute Fehlerkultur sieht anders aus«, in: *Neue Zürcher Zeitung*, 18. November 2020, S. 22.

90 Anna-Maria Brandstetter und Vera Hierholzer, *Nicht nur Raubkunst! Sensible Dinge in Museen und universitären Sammlungen*, Mainz 2017.

91 Kaspar Surber, »Bührle wird berichtigt«, in: *WOZ – Die Wochenzeitung*, 19. November 2020.

92 Siehe https://stiftungen.stiftungschweiz.ch/organizations/sammlung-e-g-buehrle (10. Februar 2021).

93 Protokoll der Bührle-Stiftungsratssitzung vom 18. Dezember 2020, S. 2.

94 Siehe www.dokort.ch (3. März 2021); siehe auch 1. Kap. Anm. 56.

95 Alexander Jolles, »Gurlitt ist nicht Himmler«, in: *Neue Zürcher Zeitung*, 11. Februar 2016.

96 Statuten der Stiftung Sammlung E. G. Bührle, S. 5, 8. Juni 2010.

2. Raum ohne Geschichte

1 Zitate aus: Stadtrat von Zürich (Hg.), *Zürich stimmt ab. 25. November 2012*, Vorlage »Kunsthaus-Erweiterung Zürich«, S. 5.

2 Felwine Sarr und Bénédicte Savoy, *Zurückgeben. Über die Restitution afrikanischer Kulturgüter*, Berlin 2019, S. 15.

3 Christian Fuhrmeister und Meike Hopp, »Provenienzforschung neu denken«, in: Franziska Bomski et al. (Hg), *Spuren suchen. Provenienzforschung in Weimar*, Göttingen 2018, S. 17–32.

4 Christoph Zuschlag, »Provenienz, Restitution, Geschichtskultur«, in: Thomas Sandkühler, Angelika Epple und Jürgen Zimmerer (Hg.), *Geschichtskultur durch Restitution? Ein Kunst-Historikerstreit*, Köln 2021, S. 429–447, hier S. 446.

5 Lukas Gloor, »Eine alte Debatte?«, in: Claudia Emmert et al. (Hg.), *Eigentum verpflichtet. Eine Kunstsammlung auf dem Prüfstand*, Berlin 2020, S. 142–149, hier S. 145.

6 Edgar Wolfrum, *Geschichtspolitik in der Bundesrepublik Deutschland. Der Weg zur bundesrepublikanischen Erinnerung 1948–1990*, Darmstadt 1999.

7 Siehe Aleida Assmann, *Der lange Schatten der Vergangenheit. Erinnerungskultur und Geschichtspolitik*, München 2006.

8 Die Ethnologin Brigitta Hauser-Schäublin kritisiert im Zusammenhang mit den Restitutionsdebatten um die Benin-Bronzen die Provenienzforschung, im Dienste der Marktwirtschaft zu stehen; siehe dies., »Provenienzforschung zwischen politisierter Wahrheitsfindung und systematischem Ablenkungsmanöver«, in: Thomas Sandkühler, Angelika Epple und Jürgen Zimmerer (Hg.), *Geschichtskultur durch Restitution?*, S. 55–78; Brigitta Hauser-Schäublin, »Die lange Blutspur der Benin-Bronzen«, in: *Sonntagszeitung*, 25. April 2021.

9 Dossier des Kunstmuseums Bern zum Gurlitt-Legat, www.kunstmuseumbern.ch/de/forschen/legat-cornelius-gurlitt-1969.html (12. März 2021).

10 Thomas Thiemeyer, »Deutschland postkolonial. Genealogische und kosmopolitische Erinnerungskultur«, in: Sandkühler, Epple und Zimmerer (Hg.), *Geschichtskultur durch Restitution?*, S. 261–280, hier 273.

11 Siehe Constantin Goschler, »Zwei Wellen der Restitution«, in: Inka Bertz und Michael Dorrmann, *Raub und Restitution. Kulturgut aus jüdischem Besitz von 1933 bis heute*, Göttingen 2008, S. 68–81.

12 Elie Wiesel, »Vorwort«, in: Stuart E. Eizenstat, *Imperfect Justice. Looted Assets, Slave Labor and the Unfinished Business of World War II*, New York 2003, S. 9–11.

13 Der Spielfilm »Monuments Men«, Regie George Clooney, von 2014 greift die Geschichte der MFAA auf.

14 Lynn H. Nicholas, *Der Raub der Europa. Das Schicksal europäischer Kunstwerke im Dritten Reich*, München 1997, S. 431–433.

15 Thomas Buomberger, *Raubkunst – Kunstraub. Die Schweiz und der Handel mit gestohlenen Kulturgütern zur Zeit des Zweiten Weltkriegs*, Zürich 1999.

16 »Washingtoner Prinzipien«, deutschsprachige Übersetzung des Deutschen Zentrums Kulturgutverluste, www.kulturgutverluste.de/Webs/DE/Stiftung/Grundlagen/Washingtoner-Prinzipien/Index.html (30. März 2021).

17 Andrea Raschèr, »§10: Raubkunst«, in: Peter Mosimann, Marc-André Renold und Andrea Raschèr (Hg.), *Kultur, Kunst, Recht. Schweizerisches und internationales Recht*, 2. Aufl., Basel 2020, S. 589.

18 »Theresienstädter Erklärung«, deutschsprachige Übersetzung des Deutschen Zentrums Kulturgutverluste, 30. Juni 2009, auch die folgenden Zitate.

19 James Bindenagel, »Die unvollendete Geschichte von NS-Raubkunst. Zum 20. Jubiläum der Washington Principles on Nazi-confiscated Art«, in: Matthias Weller, Nicolai B. Kemle und Thomas Dreier (Hg.), *Handel – Provenienz – Restitution. Tagungsband des 12. Heidelberger Kunstrechtstags am 20. und 24.10.2018*, Baden-Baden 2020, S. 59.

20 Raschèr, »§10: Raubkunst«, S. 594.

21 Esther Tisa Francini, Anja Heuss und Georg Kreis, *Fluchtgut – Raubgut. Der Transfer von Kulturgütern in und über die Schweiz 1933–1945 und die Frage der Restitution, Veröffentlichungen der Unabhängigen Expertenkommission Schweiz – Zweiter Weltkrieg*, Bd. 1, Zürich 2001, S. 25.

22 Raschèr, »§10: Raubkunst«, S. 615.

23 Siehe unter anderem Stefan Mächler, *Hilfe und Ohnmacht. Der Schweizerische Israelitische Gemeindebund und die nationalsozialistische Verfolgung 1933–1945*, Zürich 2005; Patrick Kury, *Über Fremde reden. Überfremdungsdiskurs und Ausgrenzung in der Schweiz 1900–1945*, Zürich 2003; Unabhängige Expertenkommission Schweiz – Zweiter Weltkrieg, *Die Schweiz und die Flüchtlinge zur Zeit des Nationalsozialismus. Überarbeitete und ergänzte Fassung des Zwischenberichts von 1999*, Zürich 2001; Jacques Picard, *Die Schweiz und die Juden. Schweizer Antisemitismus, jüdische Abwehr und internationale Migrations- und Flüchtlingspolitik*, Zürich 1997; Jakob Tanner, »Diskurse der Diskriminierung. Antisemitismus, Sozialdarwinismus und Rassismus in schweizerischen Bildungseliten«, in: Michael Graetz und Aram Mattioli (Hg.), *Krisenwahrnehmung im Fin de siècle. Jüdische und katholische Bildungseliten in Deutschland und der Schweiz*, Zürich 1997, S. 323–340; Uriel Gast, *Von der Kontrolle zur Abwehr. Die Eidgenössische Fremdenpolizei im Spannungsfeld von Politik und Wirtschaft*, Zürich 1996.

24 Siehe Erich Keller, »Ein Cézanne in den Wirren des Zweiten Weltkriegs«, in: *WOZ – Die Wochenzeitung*, 3. Dezember 2020.

25 Peter Mosimann, »Provenienzforschung der Museen als Rechtserfordernis«, in: ders. und Beat Schönenberger, *Fluchtgut – Geschichte, Recht und Moral. Referate zur gleichnamigen Veranstaltung des Museums Oskar Reinhart in Winterthur vom 28. August 2014*, Bern 2015, S. 103–114, hier S. 105.

26 Diese Erklärungen haben für Provenienzforschung verpflichtenden Charakter. In ihr erklären schweizerische Museen förmlich, »[to] fundamentally dissaprove of acquiering cultural objects unlawfully«; siehe ebd., S. 106 f.

27 Ebd., S. 107.

28 Andrea Brait und Anja Früh, »Einleitung«, in: *dies.* (Hg.), *Museen als Orte geschichtspolitischer Verhandlungen. Ethnografische und historische Museen im Wandel*, Beiheft zur *Schweizerischen Zeitschrift für Geschichte*, Basel 2017, S. 5–12.

29 Zitiert nach Kaspar Surber, »Zürichs Tresor für Kunst und Krieg«, in: *WOZ – Die Wochenzeitung*, 21. November 2019. Seit die Einflussnahme auf den Bührle-Forschungsbericht bekannt geworden ist, deutet einiges darauf hin, dass sich das Kunsthaus nun doch verstärkt diesen Fragen widmen muss. Es wird sich allerdings weiterhin auf die Provenienzforschung der Bührle-Stiftung stützen.

30 Lukas Gloor, »Die Provenienzforschung der Stiftung Sammlung E. G. Bührle«, unpubliziertes Dokument, 7. November 2018.

31 Angelika Affentranger-Kichrath, »Erlebbar machen. Lukas Gloor, der neue Direktor der Stiftung Sammlung E. G. Bührle«, in: *Neue Zürcher Zeitung*, 9. April 2002, S. 44.

32 Siehe Kap. 1, S. 43.

33 Urs Steiner, »Heikle Dokumente in der Vitrine«, in: *Neue Zürcher Zeitung*, 24. März 2010.

34 Lukas Gloor, »Das Archiv der Stiftung Sammlung E. G. Bührle«, unpubliziertes Dokument, 30. März 2013.

35 Steiner, »Heikle Dokumente in der Vitrine«.

36 Ebd.

37 Verband der Museen der Schweiz (Hg.), »Provenienzforschung im Museum I. NS-Raubgut. Grundlagen und Einführung in die Praxis«, www.museums.ch/assets/files/dossiers_d/Standards/VMS_Standard_Provenienz_NS-Raubgut_D_Web_neu.pdf (20. Mai 2021).

38 Siehe Erich Keller, Auszug aus dem Forschungsbericht «Kontextualisierung Sammlung Bührle» für Stadt und Kanton Zürich, Abgabe Ende 2019, S. 12–14, www.fsw.uzh.ch/dam/jcr:46b7d7e1-ae67-41a4-b3dc-25afd61f2c56/%20KellerLeimgruber_2019_Translokationen.pdf (12. August 2021). Der statistische Anhang des Dokuments stammt von Matthieu Leimgruber.

39 Gloor, »Die Provenienzforschung der Stiftung Sammlung E. G. Bührle«, auch die folgenden Zitate.

40 Ders., *Die Sammlung Emil Bührle.*

41 Ders., »Respondenzen und Resumé«, in: Mosimann und Schönenberger, *Fluchtgut – Geschichte, Recht und Moral*, S. 169–174, hier S. 170 und 173.

42 Hans Blumenberg, *Schiffbruch mit Zuschauer. Paradigma einer Daseinsmetapher*, Frankfurt am Main 1997, S. 31.

43 Gloor, »Respondenzen und Resumé«, S. 170.

44 Nummer 412 im Rewald-Katalog, John Rewald, *The Paintings of Paul Cézanne. A Catalogue raisonné*, New York 1996. Entstanden ist das Gemälde um 1879.

45 Diese Ergebnisse wurden bereits im Dezember 2020 veröffentlicht: Keller, »Ein Cézanne in den Wirren in des Zweiten Weltkriegs«.

46 »Darf man diese Bilder ausstellen?«, Interview mit Lukas Gloor, in: *Das Magazin*, 1. Mai 2021.

47 Guido Magnaguagno, »Die Sammlung Bührle: Raubkunst und Fluchtgut«, in: Thomas Buomberger und Guido Magnaguagno, *Schwarzbuch Bührle*, S. 105–128, hier S. 123.

48 Stiftung Sammlung E. G. Bührle, »Stellungnahme zum Schwarzbuch« [2015].

49 Nummer 272 im Rewald-Katalog.

50 Guido Magnaguagno, »Die Sammlung Bührle«, S. 123.

51 Lost Art-ID 012410, www.lostart.de/DE/Verlust/012410.

52 Provenienzangaben aus: Ketterer Kunst, Auktionskatalog »Kunst des 19. Jahrhunderts«, 18. Mai 2018, S. 64.

53 Erik Jayme, »Die verschwiegene Provenienz. Der Heidelberger Trübner-Fall und die Auslegung des §40 KGSG«, in: Matthias Weller, Nicolai B. Kemle und Thomas Dreier (Hg.), *Handel – Provenienz – Restitution*, S. 9–19, hier S. 18.

54 Berthold Nothmann, »Meine Lebenserinnerungen, für die Familie bestimmt«, Wannsee, November 1936, Typoskript, Center for Jewish history, New York, Leo Baeck Institute Repositorium, AR 10492.

55 Saul Friedländer, *Das Dritte Reich und die Juden, Gesamtausgabe*, München 2008, S. 195–364.

56 Siehe Jürgen Trimborn, *Arno Breker. Der Künstler und die Macht. Die Biografie*, Berlin 2011, S. 160–162. Einige biografische und andere Angaben, die der 2011 verstorbene Autor zu Martha und Berthold Nothmann macht, sind allerdings unzutreffend.

57 Christopher Browning, *Die Entfesselung der »Endlösung«. Nationalsozialistische Judenpolitik 1939–1942*, München 2003, S. 536–538.

58 Ralf Banken, *Hitlers Steuerstaat. Die Steuerpolitik im Dritten Reich*, Berlin 2018, S. 487–506.

59 Siehe Martin Friedenberger, *Fiskalische Ausplünderung. Die Berliner Steuer- und Finanzverwaltung und die jüdische Bevölkerung 1933–1945*, Berlin 2008.

60 Banken, *Hitlers Steuerstaat*, S. 506–508.

61 Center for Jewish history, New York, Leo Baeck Institute Repositorium, AR 10492.

62 *The London Gazette*, 19. Juni 1942, S. 2727.

63 Phil Brown, *In the Catskills. A Century of Jewish Experience in »The Mountains«*, Columbia 2004.

64 Brief von Martha Nothmann an Oskar Reinhart, 10. August 1947, AOR Nothmann-Bender, Martha, 1874–1967.

65 Johannes Nathan, »Fritz Nathan, München und St. Gallen«, in: Andrea Bambi und Axel Drecoll (Hg.), *Alfred Flechtheim. Raubkunst und Restitution*, Berlin 2015, S. 169–178, hier S. 175.

66 Fritz Nathan, *Erinnerungen aus meinem Leben*, Zürich 1965, S. 103, auch das folgende Zitat.

67 Brief Martha Nothmann.

68 Raschèr, »§10: Raubkunst«, S. 615.

69 Stiftung Bührle, »Stellungnahme zum Schwarzbuch«.

70 Siehe Thomas Buomberger, »Kunst und Kanonen: Die Herkunft von Bührles Bildern«, in: ders. und Magnaguagno, *Schwarzbuch Bührle*, S. 71–104, hier S. 99–101; Magnaguagno, »Die Sammlung Bührle«, S. 121.

71 Zitiert nach Raschèr, »§10: Raubkunst«, S. 606.

72 Ebd.

3. Die zukünftige Erinnerung

1 www.pbihag.ch/de-ch/stiftung-sammlung-buehrle/story-go (23. Juni 2021).

2 Zur Geschichte des Neoliberalismus siehe Quinn Slobodian, *Globalisten. Das Ende der Imperien und die Geburt des Neoliberalismus*, Berlin 2019.

3 Siehe Marc Bloch, *Apologie der Geschichte. Der Beruf des Historikers*, 2. Aufl., Stuttgart 1980, S. 147–149.

4 Maurice Halbwachs, *Das Gedächtnis und seine sozialen Bedingungen*, Frankfurt am Main 2012, S. 20.

5 Lutz Niethammer, *Kollektive Identität. Heimliche Quellen einer unheimlichen Konjunktur*, Hamburg 2000, S. 330.

6 Ebd., S. 364.

7 Der 1877 geborene Maurice Halbwachs starb am 16. März 1945 im Konzentrationslager Buchenwald an den Folgen des nationalsozialistischen Programms zur Vernichtung durch Arbeit, nur wenige Wochen bevor die alliierten Truppen das Lager am 11. April befreiten. Seine letzten Tage beschreibt Jorge Semprun fünfzig Jahre später in seinem Erinnerungsbuch *Schreiben oder Leben* (Frankfurt am Main 1995). Semprun hatte 1942 an der Sorbonne Vorlesungen bei Halbwachs gehört. Im KZ trafen sie sich wieder, der 22-jährige Student aus Spanien, Kämpfer der Résistance, und der stark geschwächte 68-jährige Professor, der »bereits dem Tod geweiht« war (Dietmar J. Wetzel, *Maurice Halbwachs, Klassiker der Wissenssoziologie*, Bd. 15, Konstanz 2009, S. 99). Es ist die große, doppelte Tragödie des zu Lebzeiten weitgehend unbekannt gebliebenen Soziologen des kollektiven Gedächtnisses, der von den Nazis ermordet wurde und dessen Sterben bloß durch eine einzige, durch den großen Zeitabstand unsichere – aber eben einzige – Erinnerung überliefert ist, eine Erinnerung, die nach Halbwachs' eigener Theorie eigentlich gar keine wirkliche sein konnte. »Die Erinnerung an den Tod von Maurice Halbwachs passt nicht in seine Theorie«, wie Lutz Niethammer es auf den Punkt bringt (Niethammer, *Kollektive Identität*, S. 362).

8 Dirk Peitz, »Mahnmale des Widerspruchs«, in: *Die Zeit*, 30. Juni 2020.

9 Die folgenden Ausführungen basieren auf Marcel Brengard, Frank Schubert und Lukas Zürcher, *Die Beteiligung der Stadt Zürich sowie der Zürcherinnen und Zürcher an Sklaverei und Sklavenhandel vom 17. bis ins 19. Jahrhundert. Bericht zu Handen des Präsidialdepartements der Stadt Zürich*, Zürich 2020.

10 Ebd., S. 5.

11 Michael Rothberg, *Multidirektionale Erinnerung. Holocaustgedenken im Zeitalter der Dekolonisierung*, Berlin 2021. Sehr lesenswert Katharina Stengls Rezension des in den USA bereits 2009 erschienen Buchs, www.hsozkult.de/review/id/reb-95854?title=m-rothberg-multidirektionale-erinnerung (21. Juni 2021).

12 Andres Huyssen, »Present Pasts. Media, Politics, Amnesia«, in: *Public Culture*, Bd. 12, Nr. 1, Winter 2000, S. 21–38.

13 Aleida Assmann, *Das neue Unbehagen an der Erinnerungskultur. Eine Intervention*, 3., erw. und akt. Aufl., München 2020, S. 32.

14 Siehe Dipesh Chakrabarti, *Provincializing Europe. Postcolonial Thought and Historical Difference*, New Jersey 2000.

15 Jay Winter, »Die Generation der Erinnerung. Reflexionen über den »Memory-Boom« in der zeithistorischen Forschung«, in: *WerkstattGeschichte*, 39/2001, Hamburg 2001, S. 5–16, hier 10.

16 Arthur Marwick, »The Cultural Revolution of the Long Sixties«, in: *The International History Review*, Bd. 27, 4/2005, S. 780–806.

17 Siehe Detlef Siegfried, *Time is on my Side. Konsum und Politik in der Westdeutschen Jugendkultur der 60er Jahre*, Göttingen 2006; Philipp Felsch, *Der lange Sommer der Theorie. Geschichte einer Revolte*, München 2015.

18 Siehe Anselm Doering-Manteuffel und Lutz Raphael, *Nach dem Boom. Perspektiven auf die Zeitgeschichte seit 1970*, Göttingen 2008; Andreas Reckwitz, *Die Gesellschaft der Singularitäten. Zum Strukturwandel der Moderne*, Berlin 2017.

19 Assmann, *Das neue Unbehagen an der Erinnerungskultur*, S. 32.

20 Svenja Goltermann, *Opfer. Die Wahrnehmung von Krieg und Gewalt in der Moderne*, Frankfurt am Main 2017, S. 236, siehe auch S. 25.

21 Frank Boesch, *Zeitenwende 1979*, München 2019, S. 363, 393–396.

22 *Der Kurier*, 10. Februar 1979.

23 »›Holocaust‹ ist über uns gekommen«, in: *Neue Zürcher Zeitung*, 11. Mai 1979, S. 48.

24 Ebd.

25 »Schwarzer Freitag für die Historiker«, in: *Der Spiegel*, 28. Januar 1979.

26 Martin Schaub, *Die eigenen Angelegenheiten. Themen, Motive, Obsessionen und Träume des neuen Schweizer Films 1963–1983*, Basel, Frankfurt am Main 1983.

27 Der Film basiert auf einer Reportage, die 1975 in Buchform zum ersten Mal veröffentlicht wurde.

28 Thomas Koerfer zitiert nach Martin Sauter, »Der Zweite Weltkrieg im Schweizer Film«, unveröffentlichte Lizentiatsarbeit, Universität Zürich 1998, S. 106 f., auch die folgenden Zitate.

29 Der Spielfilm war Namensgeber der Postpunk-Band Grauzone, die 1981 mit »Eisbär« international bekannt wurde.

30 Ruedi Christen et al., *Die Bührle Saga. Festschrift zum 75jährigen Jubiläum einer weltberühmten Waffenschmiede mit einem Zwischenwort an die Haupterbin*, Zürich 1981.

31 Gerhard Mack, »Raus aus der Schuld-Neurose!«, in: *NZZ am Sonntag*, 20. Juni 2021; auch die folgenden Zitate.

32 Unabhängige Expertenkommission Schweiz – Zweiter Weltkrieg, *Schlussbericht*, S. 19.

33 Sascha Zala, *Gebändigte Geschichte. Amtliche Historiographie und ihre Malaise mit der Geschichte der Neutralität 1945–1961*, Bern 1998.

34 Unabhängige Expertenkommission Schweiz – Zweiter Weltkrieg, *Schlussbericht*, S. 22.

35 Patrick Landolt und Anna Schindler, »Flicks Erbe in Zürich«, in: *WOZ – Die Wochenzeitung*, 8. März 2001.

36 Kim C. Priemel, *Flick. Eine Konzerngeschichte vom Kaiserreich bis zur Bundesrepublik*, Göttingen 2007, S. 478.

37 Constantin Goschler, *Schuld und Schulden. Die Politik der Wiedergutmachung für NS-Verfolgte seit 1945*, Göttingen 2008.

38 Zur Rechtssemantik von »Entschädigung« und »Wiedergutmachung« siehe Unabhängige Expertenkommission Schweiz – Zweiter Weltkrieg, *Schlussbericht*, S. 441–448.

39 Cord Pagenstecher, »Der lange Weg zur Entschädigung«, www.bpb.de/geschichte/nationalsozialismus/ns-zwangsarbeit/227273/der-lange-weg-zur-entschaedigung (9. Juli 2021).

40 SDA-Meldung, 28. März 2001.

41 Zitiert nach Landolt und Schindler, »Flicks Erbe in Zürich«.

42 »Appell: Keine Kompensationsgeschäfte mit Kultur«, in: *WOZ – Die Wochenzeitung*, 21. Juni 2001; auch die folgenden Zitate.

43 Interview mit Roman Signer, in: *Blick*, 12. März 2001.

44 Zitiert nach dem *Bund*, 24. März 2001.

45 Die Stiftung besteht heute noch; www.stiftung-toleranz.de (11. Juli 2021).

46 Interview mit Friedrich Christian Flick, in: *Neue Zürcher Zeitung*, 27. April 2001.

47 Norbert Frei et al. (Hg.), *Flick. Der Konzern, die Familie, die Macht*, München 2009, S. 765.

48 Zitiert nach Steffen Haug, »Die Presse-Kontroverse um die Flick-Collection«, in: ArtHist.net, 14. Dezember 2004, www.arthist.net/reviews/479/mode=exhibitions&lang=en_US (5. Mai 2021).

49 Urs Steiner, »Ende eines Trauerspiels«, in: *Neue Zürcher Zeitung*, 11./12. Januar 2003.

50 Jakob Tanner, *Geschichte der Schweiz im 20. Jahrhundert*, München 2015, S. 523.

51 Projektauftrag »Kontextualisierung Sammlung Bührle«, S. 2.

52 Interview mit Corine Mauch, in: *tachles. Das jüdische Wochenmagazin*, 2. Juli 2021.

53 Krzysztof Pomian, *Der Ursprung des Museums. Vom Sammeln*, Berlin 1988, S. 14, 20.

54 Helmut K. Anheier und Y. Raj Isar (Hg.), *Cultures and Globalization. Cities, Cultural Policy and Governance*, London 2012.

55 Andreas Reckwitz, *Die Gesellschaft der Singularitäten. Zum Strukturwandel der Moderne*, Berlin 2017, S. 384; siehe zum Folgenden S. 382–388.

56 Andrea Hausmann, »Der Kunstmarkt. Einführung und Überblick«, in: dies. (Hg.), *Handbuch Kunstmarkt. Akteure, Management und Vermittlung*, Bielefeld 2014, S. 13–36, hier S. 25.

57 Daniele Muscionico, »Das Kunsthaus Zürich hat seine erste Präsidentin«, in: *Tagblatt der Stadt St. Gallen*, 1. Juni 2021.

58 www.stadt-zuerich.ch/prd/de/index/stadtentwicklung/aussenbeziehungen/standortmarketing.html (7. Juli 2021).

59 André Malraux, »Le musée imaginaire«, in: ders., *Psychologie de l'art*, Bd. 1, Genf 1947.

60 Walter Grasskamp, *André Malraux und das imaginäre Museum. Die Weltkunst im Salon*, München 2014, S. 55.

61 Anke te Heesen, *Theorien des Museums zur Einführung*, 4. Aufl., Hamburg 2021, S. 90.

62 Siehe ebd., S. 114 f.

63 Emil G. Bührle, »Vom Werden meiner Sammlung«, Vortrag am 14. Juni 1954, in: Kunsthaus Zürich (Hg.), *Die Sammlung Emil G. Bührle. Festschrift zu Ehren von Emil G. Bührle zur Eröffnung des Kunsthaus-Neubaus und Katalog der Sammlung Emil G. Bührle. 7. Juni – Ende September 1958*, Zürich 1958, S. 27.

64 Luc Boltanski und Arnaud Esquerre, *Bereicherung. Eine Kritik der Ware*, Berlin 2018, S. 16, auch die folgenden Zitate.

65 Darauf weist die Häufigkeit der Nennung von »Last der Geschichte« und ähnlichem im Ngram-Viewer von Google Books hin. Mit diesem Tool lassen sich Hunderte Millionen digitalisierter Buchseiten durchsuchen.

66 Philipp Meier, »Emil Georg Bührle als Outsider und rotes Tuch abzutun: das geht nun nicht mehr. Der Vampir kommt ins Kunsthaus«, in: *Neue Zürcher Zeitung*, 19. November 2020.

67 Interview mit Lukas Gloor, in: *NZZ am Sonntag*, 28. November 2020.

68 Als namensgebend gilt die Aufsatzsammlung von Richard M. Rorty, *The Linguistic Turn. Essays in Philosophical Method*, Chicago 1967.

69 Zur Entwicklung der Diskurstheorie als Methode siehe Michel Foucault, *Les mots et les choses*, Paris 1966 (dt: *Die Ordnung der Dinge*); ders., *Archéologie du savoir*, Paris 1969 (dt. *Archäologie des Wissens*).

70 Philipp Sarasin, *Geschichtswissenschaft und Diskursanalyse*, Frankfurt am Main 2003, S. 59.

71 Das passiert auch in der scheinbar so »objektiven« Naturwissenschaft, um hier nur eines von mittlerweile unzähligen Beispielen zu nennen; siehe Lily E. Kay, *Das Buch des Lebens. Wer schrieb den genetischen Code?*, München 2002.

72 Roger Fayet, »›Clean‹ Collections. On The Idea Of Contamination In The Provenance Discussion«, in: *Cross-Currents*, September 2019, S. 279, 282 f., auch die folgenden Zitate.

73 Pomian, *Der Ursprung des Museums*, S. 50.

74 Te Heesen, *Theorien des Museums zur Einführung*, S. 120 f.

75 Fayet, »›Clean‹ Collections«, S. 284, 286 f., auch die folgenden Zitate.

76 Ein weiteres Beispiel für eine solche Geschichtsinterpretation ist seine Zusammenfassung der Forschungsergebnisse der Unabhängigen Expertenkommission Schweiz – Zweiter Weltkrieg zu Bührle. Diese hätten gemäß Fayet ergeben: Die Rüstungslieferungen »an das Deutsche Reich und Italien haben mit Unterstützung durch die Schweizer Regierung stattgefunden, wobei die Waffenlieferungen, die hauptsächlich aus Flugzeugabwehrraketen bestanden, militärisch unbedeutend waren«. Tatsächlich ist die Kommission zum Schluss gekommen, dass die Waffenlieferungen – zu denen keine Raketen gehörten – wohl nicht kriegsverlängernd gewesen seien. Davon, dass sie militärisch unbedeutend gewesen wären, spricht sie nicht, sondern betont im Gegenteil den Neutralitätsbruch, der mit diesen Waffenlieferungen verbunden war. Die Untersuchungen zeigen den hohen Grad der wirtschaftlichen Verflechtung mit dem NS-Staat, von der kein anderer Unternehmer stärker profitierte als Bührle. Die Expertenkommission betont weiter, dass der Beitrag Bührles zur verdeckten Aufrüstung und damit zur Vorbereitung auf den Zweiten Weltkrieg schwerwiegend war. Von Fayet unerwähnt bleiben zum Beispiel auch Bührles Zwangsarbeitsprofite, die seit 2016 bekannt sind.

77 Die methodenkritische, mitunter als epistemologisch relativierend verstandene Formel *anything goes* wurde vom Philosophen und Wissenschaftstheoretiker Paul Feyerabend geprägt; siehe Paul Feyerabend, *Against Method. Outline of an Anarchist Theory of Method*, Berkeley 1975.

78 Gottfried Korff, »Zur Eigenart der Museumsdinge«, in: Martina Eberspächer, Gudrun Larlene König und Bernhard Tschofen (Hg.), *Museumsdinge. Deponieren – exponieren*, Köln, Weimar, Wien 2007 (1992) S. 143.

79 Interview mit Bénédicte Savoy, in: *Süddeutsche Zeitung*, 20. Juli 2017.

80 Martin Pollack, *Kontaminierte Landschaften*, Wien 2014, S. 29.

81 Karl Schlögel, *Im Raume lesen wir die Zeit. Über Zivilisationsgeschichte und Geopolitik*, München 2003.

82 Pierre Nora, *Zwischen Geschichte und Gedächtnis*, Berlin 1990, S. 11.

83 Ders., *Geschichte Frankreichs*, S. 16, zitiert nach: Cornelia Siebeck, »Erinnerungsorte, Lieux de mémoire«, www.docupedia.de/zg/Siebeck_erinnerungsorte_v1_de_2017 (1. Juli 2021).

84 Fabienne Meyer, »Monumentales Gedächtnis. Shoa-Denkmäler in der Schweiz«, in: Maoz Azaryahu, Ulrike Gehring, Fabienne Meyer, Jacques Picard und Christina Späti (Hg.), *Erzählweisen des Sagbaren und Unsagbaren. Formen des Holocaust-Gedenkens in schweizerischen und transnationalen Perspektiven*, Köln 2021, S. 161–190.

85 René Staubli und Benno Tuchschmid, »Zwischen Internet und Stolperstein. Eine Reflexion zu den Möglichkeiten und Vorhaben einer angemessenen Erinnerung an Schweizer Opfer des Nationalsozialismus«, in: Azaryahu, Gehring, Meyer, Picard und Späti (Hg.), *Erzählweisen des Sagbaren und Unsagbaren*, S. 465–476.

86 Assmann, *Das neue Unbehagen an der Erinnerungskultur*, S. 68–70.

87 Interview mit Corine Mauch.

88 Siehe Erich Keller, »Wie Stadtplanung Geschichte macht«, in: *WOZ – Die Wochenzeitung*, 28. November 2013; ders., *Bürger und Juden. Die Familie Wyler-Bloch in Zürich 1880–1954. Biografie als Erinnerungsraum, Veröffentlichung des Archivs für Zeitgeschichte ETH Zürich*, Zürich 2015, S. 238 f.

89 Zentrum Zürich Nord, »Benennung von Strassen und Plätzen«, Stadtratsbeschluss, Nr. 471, 6. März 1996, auch das folgende Zitat.

Literatur- und Quellenverzeichnis

In diesem Verzeichnis sind die verwendete Forschungsliteratur und die gedruckten Quellen verzeichnet. Weitere Quellen wie Archivdokumente, Filme, Interviews oder Korrespondenzen sind in den Anmerkungen nachgewiesen.

Affentranger-Kirchrath, Angelika, »Erlebbar machen. Lukas Gloor, der neue Direktor der Stiftung Sammlung E. G. Bührle«, in: *Neue Zürcher Zeitung*, 9. April 2002

Anheier, Helmut K., und Y. Raj Isar (Hg.), *Cultures and Globalization. Cities, Cultural Policy and Governance*, London 2012

Assmann, Aleida, *Das neue Unbehagen an der Erinnerungskultur. Eine Intervention*, 3. erw. und akt. Aufl., München 2020

Dies., *Der lange Schatten der Vergangenheit. Erinnerungskultur und Geschichtspolitik*, München 2006

Azaryahu, Maoz, Ulrike Gehring, Fabienne Meyer, Jacques Picard und Christina Späti (Hg.), *Erzählweisen des Sagbaren und Unsagbaren. Formen des Holocaust-Gedenkens in schweizerischen und transnationalen Perspektiven / Between Commemoration and Amnesia. Forms of Holocaust Remembrance in Swiss and Transnational Perspectives*, Köln 2021

Banken, Ralf, *Hitlers Steuerstaat. Die Steuerpolitik im Dritten Reich*, Berlin 2018

Basting, Barbara, »Bührle ins Kunsthaus Zürich?«, in: *Tages-Anzeiger*, 11. Januar 2005

Baudirektion Kanton Zürich et al. (Hg.), »Phase 1: Leitbild/Leitsätze«, in: *Zukunft des Hochschulstandortes Zürich. Entwicklungsplanung Hochschulgebiet*, Zürich 2002

Baumgartner, Fabian, und Marc Tribelhorn, »›Anregungen‹ und andere Druckversuche. Wie Forschungsarbeiten zum Waffenfabrikanten Bührle beeinflusst werden«, in: *Neue Zürcher Zeitung*, 27. August 2020

Beneke, Sabine, »Bruno Lohse und die Kaiserbilder Albrecht Dürers im Deutschen Historischen Museum. Eine Spurensuche«, www.dhm.de/assets/DHM/Download/Sammlung/Forschung/Beneke_Lohse.pdf (25. Juli 2021)

Benjamin, Walter, »Das Kunstwerk im Zeitalter seiner technischen Reproduzierbarkeit«, in: ders., *Medienästhetische Schriften*, Frankfurt am Main 2002

Bindenagel, James, »Die unvollendete Geschichte von NS-Raubkunst. Zum 20. Jubiläum der Washington Principles on Nazi-confiscated Art«, in: Matthias Weller et al. (Hg.), *Handel – Provenienz – Restitution. Tagungsband des 12. Heidelberger Kunstrechtstags am 20. und 24. Oktober 2018*, Baden-Baden 2020, S. 59

Bloch, Marc, *Apologie der Geschichte. Der Beruf des Historikers*, Stuttgart 1980

Blumenberg, Hans, *Schiffbruch mit Zuschauer. Paradigma einer Daseinsmetapher*, Frankfurt am Main 1997

Boesch, Frank, *Zeitenwende 1979*, München 2019

Boltanski, Luc, und Arnaud Esquerre, *Bereicherung. Eine Kritik der Ware*, Berlin 2018

Bourdieu, Pierre, *Die feinen Unterschiede. Kritik der gesellschaftlichen Urteilskraft*, Frankfurt am Main 1982

Ders., *Sozialer Raum und »Klassen«. Zwei Vorlesungen*, Frankfurt am Main 1985

Brait, Andrea, und Anja Früh, »Einleitung«, in: dies. (Hg.), *Museen als Orte geschichtspolitischer Verhandlungen. Ethnografische und historische Museen im Wandel*, Beiheft zur *Schweizerischen Zeitschrift für Geschichte*, Basel 2017, S. 5–12

Brandstetter, Anna-Maria, und Vera Hierholzer, *Nicht nur Raubkunst! Sensible Dinge in Museen und universitären Sammlungen*, Mainz 2017

Brengard, Marcel, Frank Schubert und Lukas Zürcher, *Die Beteiligung der Stadt Zürich sowie der Zürcherinnen und Zürcher an Sklaverei und Sklavenhandel vom 17. bis ins 19. Jahrhundert. Bericht zu Handen des Präsidialdepartements der Stadt Zürich*, Zürich 2020

Brenner, Neil, und Nik Theodore (Hg.), *Spaces of Neoliberalism. Urban Restructuring in North America and Western Europe*, Malden 2004

Dies., »Cities and the Geographies of ›Actually existing Neoliberalism‹«, in: dies. (Hg.), *Spaces of Neoliberalism*, S. 2–32

Brown, Phil, *In the Catskills. A Century of Jewish Experience in »The Mountains«*, Columbia 2004

Brown, Timothy Scott, und Andrew Lison (Hg.), *The Global Sixties in Sound and Vision. Media, Counterculture, Revolt*, New York 2014

Browning, Christopher, *Die Entfesselung der »Endlösung«. Nationalsozialistische Judenpolitik 1939–1942*, München 2003

Bührle, Emil G., »Vom Werden meiner Sammlung«, Vortrag am 14. Juni 1954, in: Kunsthaus Zürich (Hg.), *Die Sammlung Emil G. Bührle. Festschrift zu Ehren von Emil G. Bührle zur Eröffnung des Kunsthaus-Neubaus und Katalog der Sammlung Emil G. Bührle. 7. Juni – Ende September 1958*, Zürich 1958, S. 26–29

Buomberger, Thomas, »Kunst und Kanonen. Die Herkunft von Bührles Bildern«, in: ders. und Guido Magnaguagno, *Schwarzbuch Bührle*, S. 71–104

Ders., *Raubkunst – Kunstraub. Die Schweiz und der Handel mit gestohlenen Kulturgütern zur Zeit des Zweiten Weltkriegs*, Zürich 1999

Ders. und Guido Magnaguagno (Hg.), *Schwarzbuch Bührle. Raubkunst für das Kunsthaus Zürich?*, Zürich 2015

Chakrabarti, Dipesh, *Provincializing Europe. Postcolonial Thought and Historical Difference*, New Jersey 2000

Christen, Ruedi, et al., *Die Bührle Saga. Festschrift zum 75jährigen Jubiläum einer weltberühmten Waffenschmiede mit einem Zwischenwort an die Haupterbin*, Zürich 1981

David, Geraldine, und Kim Oosterlinck, »War, Inflation, Monetary Reforms and the Art Market«, in: *EHES Working Papers in Economic History*, 12/2012, S. 1–32

Doering-Manteuffel, Anselm, und Lutz Raphael, *Nach dem Boom. Perspektiven auf die Zeitgeschichte seit 1970*, Göttingen 2008

Douglas, Mary, *Wie Institutionen denken*, Frankfurt am Main 1991

Emmert, Claudia, »Vorwort«, in: dies. et al. (Hg.), *Eigentum verpflichtet. Eine Kunstsammlung auf dem Prüfstand*, Berlin 2020, S. 4–11

Fayet, Roger, »›Clean‹ Collections. On the Idea of Contamination in the Provenance Discussion«, in: *Cross-Currents*, September 2019, S. 277–290

Felsch, Philipp, *Der lange Sommer der Theorie. Geschichte einer Revolte*, München 2015

Feyerabend, Paul, *Wider den Methodenzwang*, Frankfurt am Main 1976

Foucault, Michel, *Archäologie des Wissens*, Frankfurt am Main 2003

Ders., *Die Ordnung der Dinge. Eine Archäologie der Humanwissenschaften*, Frankfurt am Main 1990

Frehner, Matthias, Urs Steiner und Christoph Becker, »Ich kann es!«, in: *Neue Zürcher Zeitung*, 18. Juli 2001

Frei, Norbert et al. (Hg.), *Flick. Der Konzern, die Familie, die Macht*, München 2009

Friedenberger, Martin, *Fiskalische Ausplünderung. Die Berliner Steuer- und Finanzverwaltung und die jüdische Bevölkerung 1933–1945*, Berlin 2008

Friedländer, Saul, *Das Dritte Reich und die Juden. Gesamtausgabe*, München 2008

Fuhrmeister, Christian, und Meike Hopp, »Provenienzforschung neu denken«, in: Franziska Bomski et al. (Hg.), *Spuren suchen. Provenienzforschung in Weimar*, Göttingen 2018, S. 17–32

Gast, Uriel, *Von der Kontrolle zur Abwehr. Die Eidgenössische Fremdenpolizei im Spannungsfeld von Politik und Wirtschaft*, Zürich 1996

Gerig, Karen N., »Die Ausstellungskosten explodieren – die Museen hoffen auf Hilfe vom Staat«, in *Tageswoche*, 11. Februar 2015

Gloor, Lukas, *Die Sammlung Emil Bührle. Geschichte, Gesamtkatalog und 70 Meisterwerke*, München 2021

Ders., »Eine alte Debatte?«, in: Claudia Emmert et al. (Hg.), *Eigentum verpflichtet. Eine Kunstsammlung auf dem Prüfstand*, Berlin 2020, S. 142–149

Ders. »Respondenzen und Resumé«, in: Peter Mosimann und Beat Schönenberger (Hg.), *Fluchtgut – Geschichte, Rechte und Moral. Referate zur gleichnamigen Veranstaltung des Museums Oskar Reinhart in Winterthur vom 28. August 2014*, Bern 2015, S. 169–174

Goltermann, Svenja, *Opfer. Die Wahrnehmung von Krieg und Gewalt in der Moderne*, Frankfurt am Main 2017

Goschler, Constantin, *Schuld und Schulden. Die Politik der Wiedergutmachung für NS-Verfolgte seit 1945*, Göttingen 2008

Ders., »Zwei Wellen der Restitution«, in: Inka Bertz und Michael Dorrmann, *Raub und Restitution. Kulturgut aus jüdischem Besitz von 1933 bis heute*, Göttingen 2008, S. 68–81

Grasskamp, Walter, *André Malraux und das imaginäre Museum. Die Weltkunst im Salon*, München 2014

Guex, Sébastien, »Le marché suisse de l'art 1886–2000: un survol chiffré«, in: *Traverse*, 9/1 (2002), S. 29–62

Gugerli, David, Patrick Kupper und Daniel Speich, *Die Zukunftsmaschine. Konjunkturen der ETH Zürich 1855–2005*, Zürich 2005

Hablützel, Peter, Theo Haldemann und Kuno Schedler (Hg.), *Umbruch in Politik und Verwaltung. Ansichten und Erfahrungen zum New Public Management in der Schweiz*, Bern 1999

Hafner, Wolfgang, »›Absolut meine eigene Conception‹. Bührle und Zwangsarbeit«, in: *WOZ – Die Wochenzeitung*, 17. März 2016

Halbwachs, Maurice, *Das Gedächtnis und seine sozialen Bedingungen*, Frankfurt am Main 2014 (1925)

Hänni, Adrian, »Bührle, der Waffenschieber«, in: *Neue Zürcher Zeitung*, 5. Juni 2021

Häsler, Alfred A., *Das Boot ist voll. Die Schweiz und die Flüchtlinge 1933–1945*, Zürich 1967

Haug, Steffen, »Die Presse-Kontroverse um die Flick-Collection«, in: ArtHist.net, 14. Dezember 2004

Hauser-Schäublin, Brigitta, »Provenienzforschung zwischen politisierter Wahrheitsfindung und systematischem Ablenkungsmanöver«, in: Thomas Sandkühler, Angelika Epple und Jürgen Zimmerer (Hg.), *Geschichtskultur durch Restitution? Ein Kunst-Historikerstreit*, Köln 2021, S. 55–78

Dies., »Die lange Blutspur der Benin-Bronzen«, in: *Sonntagszeitung*, 25. April 2021

Hausmann, Andrea (Hg.), *Handbuch Kunstmarkt. Akteure, Management und Vermittlung*, Bielefeld 2014

Heesen, Anke te, *Theorien des Museums zur Einführung*, 4. Aufl., Hamburg 2021

Hitz, Hansruedi, Roger Keil, Ute Lehrer, Klaus Ronneberger, Christian Schmid und Richard Wolff (Hg.), *Capitales Fatales. Urbanisierung und Politik in den Finanzmetropolen Frankfurt und Zürich*, Zürich 1995

Hitz, Hansruedi, Christian Schmid und Richard Wolff, »Boom, Konflikt und Krise – Zürichs Entwicklung zur Weltmetropole«, in: dies., Roger Keil, Ute Lehrer und Klaus Ronneberger (Hg.), *Capitales Fatales*, S. 208–282

Dies., »Zur Dialektik der Metropole. Headquarter Economy und urbane Bewegungen«, in: dies., Roger Keil, Ute Lehrer und Klaus Ronneberger (Hg.), *Capitales Fatales*, S. 137–156

Hug, Peter, *Schweizer Rüstungsindustrie und Kriegsmaterialhandel zur Zeit des Nationalsozialismus. Unternehmensstrategien, Marktentwicklung, politische Überwachung, Veröffentlichungen der Unabhängigen Expertenkommission Schweiz – Zweiter Weltkrieg*, Bd. 11 (2 Teilbde.), Zürich 2002

Huyssen, Andres, »Present Pasts. Media, Politics, Amnesia«, in: *Public Culture*, Bd. 12, Nr. 1, Winter 2000, S. 21–38

Janser, Daniela, »Durchs Höllentor ins Kunsthaus«, in: *WOZ – Die Wochenzeitung*, 20. August 2020

Jayme, Erik, »Die verschwiegene Provenienz. Der Heidelberger Trübner-Fall und die Auslegung des §40 KGSG«, in: Matthias Weller, Nicolai B. Kemle und Thomas Dreier (Hg.), *Handel – Provenienz – Restitution. Tagungsband des 12. Heidelberger Kunstrechtstags am 20. und 24. Oktober 2018*, Baden-Baden 2020, S. 9–19

Jolles, Alexander, »Gurlitt ist nicht Himmler«, in: *Neue Zürcher Zeitung*, 11. Februar 2016

Jones, Mark, *Am Anfang war Gewalt. Die Deutsche Revolution 1918/19 und der Beginn der Weimarer Republik*, Berlin 2017

Kanton Zürich (Hg.), *Masterplan Hochschulgebiet Zürich-Zentrum*, September 2014

Kay, Lily E., *Das Buch des Lebens. Wer schrieb den genetischen Code?*, München 2002

Keller, Erich, in: Lehrstuhl Matthieu Leimgruber, *Kriegsgeschäfte, Kapital und Kunsthaus. Die Entstehung der Sammlung Bührle im historischen Kontext. Forschungsbericht zuhanden des Präsidialdepartements und der Direktion der Justiz und des Inneren des Kantons Zürich*, Zürich 2020, S. 16–62, 76–82, 85–91

Ders., »Ein Cézanne in den Wirren des Zweiten Weltkriegs«, in: *WOZ – Die Wochenzeitung*, 3. Dezember 2020

Ders., Auszug aus dem Forschungsbericht »Kontextualisierung Sammlung Bührle« für Stadt und Kanton Zürich, Abgabe Ende 2019, www.fsw.uzh.ch/dam/jcr:46b7d7e1-ae67-41a4-b3dc-25afd61f2c56/%20KellerLeimgruber_2019_Translokationen.pdf (12. August 2021)

Ders., »Theo Pinkus. Der totale Buchhändler«, in: *NZZ Geschichte*, Mai 2019, S. 52–63

Ders., »Der totale Buchhändler. Theo Pinkus und die Produktion linken Wissens in Europa in der zweiten Hälfte des 20. Jahrhunderts«, in: Brigitta Schmidt-Lauber und Jens Wietschorke (Hg.), *Historische Anthropologie*, Heft 2, 2018, Köln, Weimar, Wien, S. 126–148

Ders., *Bürger und Juden. Die Familie Wyler-Bloch in Zürich 1880–1954. Biografie als Erinnerungsraum, Veröffentlichungen des Archivs für Zeitgeschichte ETH Zürich*, Zürich 2015

Ders., »Wie Stadtplanung Geschichte macht«, in: *WOZ – Die Wochenzeitung*, 28. November 2013

Ketterer Kunst, Auktionskatalog »Kunst des 19. Jahrhunderts«, 18. Mai 2018

Kimmelman, Michael, »Was this exhibition necessary?«, in: *New York Times*, 20. Mai 1990

Knobel, Bruno, »Der Nebelspalter«, in: *Historisches Lexikon der Schweiz*, www.hls-dhs-dss.ch/de/articles/024818/2009-08-24 (15. März 2021)

Köhler, Thomas, »Komplizen – Galeristen und Privatsammler als Partner der Kunstmuseen«, in: Andrea Hausmann (Hg.), *Handbuch Kunstmarkt. Akteure, Management und Vermittlung*, Bielefeld 2014, S. 167–176

Koldehoff, Stefan, *Die Bilder sind unter uns. Das Geschäft mit der NS-Raubkunst und der Fall Gurlitt*, Köln 2014

Ders., »Bührle rüstet das Zürcher Kunsthaus auf«, in: *Sonntagszeitung*, 9. Januar 2005

Korff, Gottfried, »Zur Eigenart der Museumsdinge«, in: Martina Eberspächer, Gudrun Marlene König und Bernhard Tschofen (Hg.), *Museumsdinge. Deponieren – exponieren*, Köln, Weimar, Wien 2007 (2002), S. 143

Kunsthaus Zürich, »Das neue Kunsthaus. Chronik 2001–2019«, hg. von der Einfachen Gesellschaft Kunsthaus Erweiterung, www.kunsthaus.ch/museum/ueber-uns/erweiterung/ (7. Januar 2021)

Dass., »Das neue Kunsthaus. Die Idee, die Form, der Inhalt«, https://kunsthausrelaunch8251-live-a33132ecc05c-1c0f54b.divio-media.net/documents/idee_form_inhalt_das_neue_kunsthaus_de.pdf (19. August 2021)

Kury, Patrick, *Über Fremde reden. Überfremdungsdiskurs und Ausgrenzung in der Schweiz 1900–1945*, Zürich 2003

Landolt, Patrick, und Anna Schindler, »Flicks Erbe in Zürich«, in: *WOZ – Die Wochenzeitung*, 8. März 2001

Latour, Bruno, *Die Hoffnung der Pandora. Untersuchungen zur Wirklichkeit der Wissenschaft*, Frankfurt am Main 2002

Ders., »Die Macht der Assoziation«, in: Andrea Belliger und David J. Krieger (Hg.), *ANThology. Ein einführendes Handbuch zur Akteur-Netzwerk-Theorie*, Bielefeld 2006, S. 195–212

Lehrstuhl Matthieu Leimgruber, *Kriegsgeschäfte, Kapital und Kunsthaus. Die Entstehung der Sammlung Bührle im historischen Kontext. Forschungsbericht zuhanden des Präsidialdepartements und der Direktion der Justiz und des Inneren des Kantons Zürich*, Zürich 2020

Löhr, Hanns Christian, *Kunst als Waffe. Der Einsatzstab Reichsleiter Rosenberg. Ideologie und Kunstraub im »Dritten Reich«*, Berlin 2018

Mächler, Stefan, *Hilfe und Ohnmacht. Der Schweizerische Israelitische Gemeindebund und die nationalsozialistische Verfolgung 1933–1945*, Zürich 2005

Mack, Gerhard, »Raus aus der Schuld-Neurose!«, in: *NZZ am Sonntag*, 20. Juni 2021

Magnaguagno, Guido, Die Sammlung Bührle: Raubkunst und Fluchtgut, in: Thomas Buomberger und Guido Magnaguagno, *Schwarzbuch Bührle*, S. 105–128

Malraux, André, »Le musée imaginaire«, in: ders., *Psychologie de l'art*, Bd. 1, Genf 1947

Marvick, Arthur, »The Cultural Revolution of the Long Sixties«, in: *The International History Review*, Bd. 27 (4/2005), S. 780–806

Ders., *The Sixties. Cultural Revolution in Britain, France, Italy and the United States, 1958–1973*, New York 1998

Mauch, Corine, *Stadtentwicklung zwischen Plan und Markt*, Lausanne 2001

Meienberg, Niklaus, *Die Erschießung des Landesverräters Ernst S.*, Zürich 1992

Ders., *Die Welt als Wille und Wahn. Elemente zur Naturgeschichte eines Clans*, Zürich 1987

Meier, Oliver, Michael Feller und Stefanie Christ, *Der Gurlitt-Komplex. Bern und die Raubkunst*, Zürich 2017

Meier, Philipp, »Der Vampir kommt ins Kunsthaus«, in: *Neue Zürcher Zeitung*, 19. November 2020

Meyer, Fabienne, »Monumentales Gedächtnis. Shoa-Denkmäler in der Schweiz«, in: Azaryahu, Gehring, Meyer, Picard und Späti (Hg.), *Erzählweisen des Sagbaren und Unsagbaren*, S. 161–190

Mosimann, Peter, »Provenienzforschung der Museen als Rechtserfordernis«, in: ders. und Beat Schönenberger, *Fluchtgut – Geschichte, Recht und Moral. Referate zur gleichnamigen Veranstaltung des Museums Oskar Reinhart in Winterthur vom 28. August 2014*, Bern 2015, S. 103–114

Ders. und Beat Schönenberger, *Fluchtgut – Geschichte, Recht und Moral. Referate zur gleichnamigen Veranstaltung des Museums Oskar Reinhart in Winterthur vom 28. August 2014*, Bern 2015

Müller, Melissa, und Monika Tatzkow, *Verlorene Bilder, verlorene Leben. Jüdische Sammler und was aus ihren Kunstwerken wurde*, München 2014

Nathan, Fritz, *Erinnerungen aus meinem Leben*, Zürich 1965

Nathan, Johannes, »Fritz Nathan, München und St. Gallen«, in: Andrea Bambi und Axel Drecoll (Hg.), *Alfred Flechtheim. Raubkunst und Restitution*, Berlin 2015, S. 169–178

Nicholas, Lynn H., *Der Raub der Europa. Das Schicksal europäischer Kunstwerke im Dritten Reich*, München 1997

Niethammer, Lutz, *Kollektive Identität. Heimliche Quellen einer unheimlichen Konjunktur*, Hamburg 2000

Nothmann, Berthold, »Meine Lebenserinnerungen, für die Familie bestimmt«, Wannsee, November 1936, Typoskript, Center for Jewish history, New York, Leo Baeck Institute Repositorium, AR 10492

Nolmans, Erik, »Die Bührle-Erben und ihr Milliardenschatz«, in: *Handelszeitung*, 23. August 2017

Ders., »Walter Kielholz. Der Strippenzieher«, in: *Handelszeitung*, 29. August 2006

Nora, Pierre, *Zwischen Geschichte und Gedächtnis*, Berlin 1990

Oosterlinck, Kim, »Art as a Wartime Investment. Conspicuous Consumption and Discretion«, in: *The Economic Journal*, 127/607 (2017), S. 265–701

Pagenstecher, Cord, »Der lange Weg zur Entschädigung«, www.bpb.de/geschichte/nationalsozialismus/ns-zwangsarbeit/227273/der-lange-weg-zur-entschaedigung (9. Juli 2021)

Peitz, Dirk, »Mahnmale des Widerspruchs«, in: *Die Zeit*, 30. Juni 2020

Petropoulos, Jonathan, »Kunsthändlernetzwerke im Dritten Reich und in der Nachkriegszeit«, www.collectiongruenbaum.com/wp-content/uploads/2017/03/Art-Dealer-Networks-Article-JCH-German.pdf (12. Juni 2021)

Ders., *Göring's Man in Paris. The Story of a Nazi Art Plunderer and his World*, New Haven, London 2021

Picard, Jacques, *Die Schweiz und die Juden. Schweizer Antisemitismus, jüdische Abwehr und internationale Migrations- und Flüchtlingspolitik*, Zürich 1997

Pistor, Katharina, *Der Code des Kapitals. Wie das Recht Eigentum und Ungleichheit schafft*, Berlin 2020

Pollack, Martin, *Kontaminierte Landschaften*, Wien 2014

Pomian, Krzysztof, *Der Ursprung des Museums. Vom Sammeln*, Berlin 1988

Präsidialdepartement der Stadt Zürich (Hg.), *Leitbild der städtischen Kulturförderung 2003–2007*, Zürich 2003

Priemel, Kim C., *Flick. Eine Konzerngeschichte vom Kaiserreich bis zur Bundesrepublik*, Göttingen 2007

Raschèr, Andrea, »§10: Raubkunst«, in: Peter Mosimann, Marc André Renold und Andrea Raschèr (Hg.), *Kultur Kunst Recht. Schweizerisches und internationales Recht*, 2. Aufl., Basel 2020, S. 581–622

Rewald, John, *The Paintings of Paul Cézanne. A Catalogue raisonné*, New York 1996

Reckwitz, Andreas, *Die Gesellschaft der Singularitäten. Zum Strukturwandel der Moderne*, Berlin 2017

Rorty, Richard M., *The Linguistic Turn. Essays in Philosophical Method*, Chicago 1967

Rothberg, Michael, *Multidirektionale Erinnerung. Holocaustgedenken im Zeitalter der Dekolonisierung*, Berlin 2021

Sandkühler, Thomas, Angelika Epple und Jürgen Zimmerer (Hg.), *Geschichtskultur durch Restitution? Ein Kunst-Historikerstreit*, Köln 2021

Sarasin, Philipp, *Geschichtswissenschaft und Diskursanalyse*, Frankfurt am Main 2003

Sarr, Felwine, und Bénédicte Savoy, *Zurückgeben. Über die Restitution afrikanischer Kulturgüter*, Berlin 2019

Sassen, Saskia, *Metropolen des Weltmarkts. Die neue Rolle der Global Cities*, Frankfurt am Main 1997

Dies., *The Global City. New York, London, Tokyo*, Princeton 1991

Sauter, Martin, »Der Zweite Weltkrieg im Schweizer Film«, Unveröffentlichte Lizentiatsarbeit, Universität Zürich 1998

Schaub, Martin, *Die eigenen Angelegenheiten. Themen, Motive, Obsessionen und Träume des neuen Schweizer Films 1963–1983*, Basel, Frankfurt am Main 1983

Schlögel, Karl, *Im Raume lesen wir die Zeit. Über Zivilisationsgeschichte und Geopolitik*, München 2003

Semprun, Jorge, *Schreiben oder Leben*, Frankfurt am Main 1995

Siegfried, Detlef, *Time is on my Side. Konsum und Politik in der Westdeutschen Jugendkultur der 60er Jahre*, Göttingen 2006

Slobodian, Quinn, *Globalisten. Das Ende der Imperien und die Geburt des Neoliberalismus*, Berlin 2019

Stadtrat von Zürich (Hg.), *Zürich stimmt ab. 25. November 2012*, Vorlage »Kunsthaus-Erweiterung Zürich«

Staubli, René, und Benno Tuchschmid, »Zwischen Internet und Stolperstein. Eine Reflexion zu den Möglichkeiten und Vorhaben einer angemessenen Erinnerung an Schweizer Opfer des Nationalsozialismus«, in: Azaryahu, Gehring, Meyer, Picard und Späti (Hg.), *Erzählweisen des Sagbaren und Unsagbaren*, S. 465–476

Steiner, Urs, »Ende eines Trauerspiels«, in: *Neue Zürcher Zeitung*, 11./12. Januar 2003

Ders., »Heikle Dokumente in der Vitrine«, in: *Neue Zürcher Zeitung*, 24. März 2010

Surber, Kaspar, »Zürichs Tresor für Kunst und Krieg«, in: *WOZ – Die Wochenzeitung*, 21. November 2019

Ders., »Bührle wird beschönigt«, in: *WOZ – Die Wochenzeitung*, 20. August 2020

Ders., »Bührle wird berichtigt«, in: *WOZ – Die Wochenzeitung*, 19. November 2020

Tanner, Jakob, *Geschichte der Schweiz im 20. Jahrhundert*, München 2015

Ders., »Diskurse der Diskriminierung. Antisemitismus, Sozialdarwinismus und Rassismus in schweizerischen Bildungseliten«, in: Michael Graetz und Aram Mattioli (Hg.), *Krisenwahrnehmung im Fin de siècle. Jüdische und katholische Bildungseliten in Deutschland und der Schweiz*, Zürich 1997, S. 323–340

»Theresienstädter Erklärung«, 30. Juni 2009

Thiemeyer, Thomas, »Deutschland postkolonial. Genealogische und kosmopolitische Erinnerungskultur«, in: Thomas Sandkühler, Angelika Epple und Jürgen Zimmerer (Hg.), *Geschichtskultur durch Restitution?*, S. 261–280

Tisa Francini, Esther, »Der Wandel des Schweizer Kunstmarkts in den 1930er- und 40er-Jahren. Voraussetzungen und Folgen einer internationalen Neuordnung«, in: *Traverse*, 9/1 (2002), S. 107–122

Dies., Anja Heuss und Georg Kreis, *Fluchtgut – Raubgut. Der Transfer von Kulturgütern in und über die Schweiz 1933–1945 und die Frage der Restitution, Veröffentlichungen der Unabhängigen Expertenkommission Schweiz – Zweiter Weltkrieg*, Bd. 1, Zürich 2001

Tobler, Andreas, »Erstaunlich naiv«, in: *Tages-Anzeiger*, 18. November 2020

Tribelhorn, Marc, »Fall Bührle. Eine gute Fehlerkultur sieht anders aus«, in: *Neue Zürcher Zeitung*, 18. November 2020

Trimborn, Jürgen, *Arno Breker. Der Künstler und die Macht. Die Biografie*, Berlin 2011

Troxler, Irène, »Bührle-Stiftung legt Vertrag offen«, in: *Neue Zürcher Zeitung*, 13. November 2012, S. 15

Unabhängige Expertenkommission Schweiz – Zweiter Weltkrieg, *Die Schweiz, der Nationalsozialismus und der Zweite Weltkrieg. Schlussbericht*, Zürich 2002

Dies., *Die Schweiz und die Flüchtlinge zur Zeit des Nationalsozialismus. Überarbeitete und ergänzte Fassung des Zwischenberichts von 1999*, Zürich 2001

Verband der Museen der Schweiz (Hg.), »Provenienzforschung im Museum I. NS-Raubgut. Grundlagen und Einführung in die Praxis«, www.museums.ch/assets/files/dossiers_d/Standards/VMS_Standard_Provenienz_NS-Raubgut_D_Web_neu.pdf (20. Mai 2021)

»Washingtoner Prinzipien«, »Grundsätze der Washingtoner Konferenz in Bezug auf Kunstwerke, die von den Nationalsozialisten beschlagnahmt wurden« / »Washington Principles«, www.kulturgutverluste.de/Webs/DE/Stiftung/Grundlagen/Washingtoner-Prinzipien/Index.html (30. März 2021)

Watson, Peter, *From Manet to Manhattan. The Rise of the Modern Art Market*, New York 1992

Wetzel, Dietmar J., *Maurice Halbwachs, Klassiker der Wissenssoziologie*, Bd. 15, Konstanz 2009

Wiesel, Elie, »Vorwort«, in: Stuart E. Eizenstat, *Imperfect Justice. Looted Assets, Slave Labor and the Unfinished Business of World War II*, New York 2003, S. 9–11

Winter, Jay, Die Generation der Erinnerung. Reflexionen über den »Memory-Boom« in der zeithistorischen Forschung, in: *WerkstattGeschichte*, 39/2001, Hamburg 2001, S. 5–16

Wolfrum, Edgar, *Geschichtspolitik in der Bundesrepublik Deutschland. Der Weg zur bundesrepublikanischen Erinnerung 1948–1990*, Darmstadt 1999

Zala, Sascha, *Gebändigte Geschichte. Amtliche Historiographie und ihre Malaise mit der Geschichte der Neutralität 1945–1961*, Bern 1998

Zürcher Kunstgesellschaft, *Jahresbericht Kunsthaus Zürich 2012*

Dies., »Jahresbericht Kunsthaus Zürich 2019«, https://jahresbericht.kunsthaus.ch/2019/finanzen/rechnung (11. Januar 2021)

Zuschlag, Christoph, »Provenienz, Restitution, Geschichtskultur«, in: Sandkühler, Epple und Zimmerer (Hg.), *Geschichtskultur durch Restitution?*, S. 429–447

Dank

Lea Haller hat das Entstehen dieses Buchs von Anfang an als meine Lektorin und – noch wichtiger – als eine Freundin begleitet. Unbestechlich und mit im besten Sinne des Wortes kritischem Verstand hat sie stets dafür Sorge getragen, mich nicht mit dem erstbesten Gedanken zufrieden zu geben. Auch ohne Felix Epper und Regula Bähler gäbe es dieses Buch nicht. Ihnen gilt mein ganz, ganz herzlicher Dank.

Sehr geholfen mit ihrem Textsinn und ihrem Wissen haben mir Christiane Schmidt vom Rotpunktverlag sowie Niklaus Ingold und Adrian Riklin. Wichtige Anstöße kamen von Andrea Raschèr, Kaspar Surber, Guido Magnaguagno, Nikola Doll und Christian Schmid. Ebenfalls zu großem Dank verpflichtet bin ich Paul Rechsteiner und Stefan Keller. Marco Geissbühler und dem Rotpunktverlag danke ich sehr für die professionelle, kompetente und auch in hektischen Zeiten entspannte Zusammenarbeit. Bei der max bill vantongerloo stiftung und der Paul Grüninger Stiftung möchte ich mich sehr für die großzügige Unterstützung bedanken.

Stark beansprucht habe ich auch die Geduld zahlreicher weiterer Menschen; zu ihnen gehören Attilio Benini, Alex Assmann und alle meine Freundinnen und Freunde. Sie haben, vielleicht ohne es zu wissen, mir dabei geholfen, am Ball zu bleiben. Auch meiner Familie, vor allem Kurt und Na Keller sowie Ursula und Franz Kurmann, bin ich sehr dankbar für ihre Unterstützung.

Ohne die Liebe und das Vertrauen von Eliane Kurmann und unserem Sohn Mika wäre es mir unmöglich gewesen, dieses Buch zu schreiben.